Mystic Michaela
Handbuch der Übersinnlichkeit

Mystic Michaela

HANDBUCH DER ÜBERSINNLICHKEIT

**Entdecke deine
medialen Fähigkeiten und
verborgenen Kräfte**

Ein Praxisbuch mit zahlreichen Übungen

Aus dem Englischen von Felix Mayer

Anaconda

Penguin Random House Verlagsgruppe FSC® N001967

Die Deutsche Nationalbibliothek verzeichnet diese Publikation in der
Deutschen Nationalbibliografie; detaillierte bibliografische Daten
sind im Internet unter http://dnb.d-nb.de abrufbar.

© 2024 by Anaconda Verlag, einem Unternehmen der Penguin
Random House Verlagsgruppe GmbH, Neumarkter Straße 28, 81673
München
Alle Rechte vorbehalten.
Umschlagmotiv: Adobe Stock / nadezhdash, ANDREI, vectorpocket
Umschlaggestaltung: Druckfrei. Dagmar Herrmann, Bad Honnef
Satz und Layout: Achim Münster, Overath
Druck und Bindung: GGP Media GmbH, Pößneck
Printed in Germany
ISBN 978-3-7306-1352-8
www.anacondaverlag.de

Gewidmet der spirituellen Gemeinschaft
von Mystic Michaela

VORBEMERKUNG DER AUTORIN

Bei der Entfaltung übersinnlicher Fähigkeiten geht es um Liebe.
Um die Liebe, die du anderen Menschen schenkst, wenn du ihnen dabei hilfst, sich mit ihren inneren Wahrheiten zu verbinden, um die Liebe, die du spürst, wenn du Botschaften aus dem Jenseits empfängst, vor allem aber um die Liebe, die du dir selbst schenkst, wenn du deine übersinnlichen Gaben nutzt und dadurch dem *Geist* ermöglichst, zu dir zu sprechen. Ich hatte das Glück, in einer Familie aufzuwachsen, in der Übersinnlichkeit eine wichtige Rolle spielte. Dadurch wurde mir ein Wissen zuteil, das sich über Generationen hinweg angesammelt hatte und mich lehrte, was es bedeutet, mit dem *Geist* verbunden zu sein. Und die wichtigste Erkenntnis dabei war, dass im Zentrum von allem die Liebe steht.

In diesem Buch möchte ich dir das Rüstzeug für die wunderbare Reise an die Hand geben, auf der du deine einzigartigen übersinnlichen Fähigkeiten stärken kannst. Im Folgenden werde ich dir die Methoden zeigen, die ich schon seit vielen Jahren nutze, um mich mit dem *Geist* zu verbinden. Ich werde dir im Detail die Pfade beschreiben, die ich selbst entdeckt habe, als ich nach Möglichkeiten der Verbindung mit den Sphären außerhalb dieser Welt gesucht habe. Du wirst auf deinem Weg vieles lernen, und der Gedanke, dass alles bei dir selbst beginnt, wird das Licht sein, das dich dabei leitet. Mithilfe dieses praktischen Handbuchs kannst du den Weg zum wichtigsten Element deiner spirituellen Praxis finden: zu dir selbst. Das ist ein entscheidender Schritt auf deinem Weg. Gehe achtsam mit dir selbst um, sei dankbar für die Kraft, die dir geschenkt wird, und vergiss vor allem nie, die Liebe zu spüren.

INHALT

EINLEITUNG

Du besitzt übersinnliche Kräfte. Seit dem ersten Tag deines Lebens. Mit der Geburt wurde dir die Fähigkeit geschenkt, die Welt auf einer energetischen Ebene wahrzunehmen. Alles besitzt Energie. Gegenstände, Menschen, Ereignisse, Orte – alles gibt Schwingungen ab. Und wenn du deine Fähigkeit verfeinerst, diese Schwingungen zu interpretieren, stärkst du damit deine angeborenen übersinnlichen Fähigkeiten. Wenn du motiviert und für alles empfänglich bist, kannst du lernen, in deiner Umgebung zwischen den Zeilen zu lesen und dein Innenleben näher zu erforschen. Dadurch wirst du Einsichten in dein Selbst und in dein Leben gewinnen und deine Fähigkeit stärken, mit anderen zu kommunizieren, Situationen zu interpretieren und auch andere Menschen in Verbindung mit den faszinierenden Welten des Jenseits zu bringen.

Dieses Handbuch wird dir zeigen, wie du deine natürlichen Fähigkeiten freisetzen kannst. Im ersten Teil wirst du erfahren, was es bedeutet, übersinnliche Fähigkeiten zu besitzen, und wer (oder was) in den Botschaften, die du empfängst, zu dir spricht. Außerdem wirst du etwas über die Zusammenhänge zwischen übersinnlichen Fähigkeiten und Intuition erfahren, über die sechs Hellsinne, die Menschen nutzen, die ihre übersinnlichen Kräfte intensiv ausleben, aber auch über Hindernisse, die deine Kräfte möglicherweise blockieren. Du wirst lernen, mit deinen Ängsten und Selbstzweifeln umzugehen, zur Ruhe zu kommen, deine Aufmerksamkeit zu lenken und deine Mitte zu finden, um so deine übersinnlichen Gaben noch tiefer ausschöpfen zu können.

Nachdem du die Grundlagen für dein übersinnliches Wirken gelegt hast, wirst du vierzig Übungen kennenlernen. Diese werden Schritt für Schritt beschrieben und helfen dir, jeweils bestimmte Aspekte deiner übersinnlichen Fähigkeiten zu stärken und dich auf deinem Weg um dich selbst und deine Bedürfnisse zu kümmern. Folgendes wirst du dabei lernen:

✦ Botschaften von alten Fotografien empfangen
✦ Deine Chakren in Balance bringen
✦ Telepathische Nachrichten senden
✦ Verbindung zu früheren Inkarnationen deiner selbst aufnehmen
✦ Eine Schutzhülle erschaffen, um mit den Energien in deiner Umgebung umzugehen
✦ ... und vieles mehr

Diese Übungen werden dir ermöglichen, dein Leben lang spirituell zu wachsen, denn wenn du dieses Buch wieder zuschlägst, ist deine Reise noch lange nicht zu Ende.

Wenn du deine übersinnlichen Fähigkeiten entdeckst und entwickelst, wird dein Weg anders verlaufen als der jedes anderen Menschen. Warum? Weil die einzigartige Art und Weise, wie du energetische Schwingungen interpretierst, allein aus dir erwächst. Deine Reise wird dich nach innen führen, und dabei wirst du dir selbst so nahe kommen wie nie zuvor. Mithilfe der Erläuterungen und Übungen in diesem Buch wirst du das Universum in völlig neuem Licht sehen. Dich erwartet ein atemberaubendes Abenteuer – und Veränderungen göttlicher Art!

WIE DU MIT DIESEM BUCH ARBEITEN KANNST

Willkommen in den mystischen Regionen des Übersinnlichen!
Du wirst nun auf subtile Weise in dein Unterbewusstes eintauchen, und das wird deine Sicht auf die Welt sowie deine Denkweise verändern. Dieses Buch wird dich dabei unterstützen, deine übersinnlichen Fähigkeiten zu entwickeln. Dabei kannst du jederzeit bestimmte Schritte wiederholen oder zu den ersten grundlegenden Übungen zurückblättern.

Im ersten Teil dieses Handbuchs wirst du erfahren, dass du bereits alle erforderlichen Anlagen besitzt, um übersinnlich aktiv zu werden. Indem du die Aufmerksamkeit auf deine Sinneswahrnehmungen, deine Gefühle und deinen Alltag richtest, wirst du diese Anlagen verstehen und deine Empfänglichkeit für energetische Botschaften aus deiner Umgebung schärfen – aber auch für solche aus deinem Inneren. Du wirst die Verbindungen zwischen übersinnlichen Fähigkeiten und Intuition entdecken und lernen, deine Intuition zu nutzen. Schließlich wirst du die beiden Schritte kennenlernen, mit denen du deine übersinnliche Reise beginnst: das Definieren einer Absicht sowie die Meditation, die jeder übersinnlichen Übung vorausgeht. In diesem Abschnitt wirst du einzelne Elemente der Meditation kennenlernen, aber auch eine vollständige Meditation, die du jeder der Übungen des zweiten Teils voranstellen kannst, um deinen Geist zu leeren und dich auf die folgende übersinnliche Praxis zu konzentrieren. Du kannst diese Meditation zu Beginn deines Weges ausprobieren und sie dann, sobald du deine übersinnlichen Fähigkeiten gefestigt hast, beibehalten oder andere Meditationstechniken anwenden.

Im zweiten Teil lernst du vierzig leicht durchzuführende Übungen kennen. Sie aktivieren deine angeborene Fähigkeit, energetische Botschaften zu lesen, und helfen dir dadurch, deine übersinnlichen Gaben auszubauen. Manche Übungen zielen darauf ab, einen der fünf Sinne oder die emotionale Intuition zu stärken, während andere populäre Methoden der Deutung spiritueller Botschaften vorstellen, wie etwa das Handlesen oder die Interpretation von Engelszahlen. Andere Übungen helfen dir dabei, auf deinem spirituellen Weg für dich selbst zu sorgen. Wenn sich die Wahrnehmung verändert und man sich für die Energien und die Botschaften öffnet, die hinter der materiellen Wirklichkeit liegen, kann das überwältigend und manchmal auch kräftezehrend sein. Daher sind Übungen zur Selbstfürsorge wichtig, um Körper, Geist und Seele zu stärken, sodass du dann die nächste übersinnliche Übung angehen kannst und dich dabei frisch und kräftig fühlst und offen dafür bist, die eigenen Fähigkeiten zu erweitern.

Die Übungen sind alle gleich aufgebaut. In den einzelnen Schritten wirst du:

1. Mehr über einen bestimmten Aspekt der übersinnlichen Welt erfahren.
2. Lernen, wie du dich am besten auf die Übung vorbereitest.
3. Die Übung Schritt für Schritt kennenlernen.
4. Die Übung selbst ausprobieren und deine Erfahrungen notieren.

Wenn du darüber nachdenkst, wie eine Übung verlaufen ist,

dann versuche, deine Erfahrungen möglichst präzise zu beschreiben. Am Ende jeder Übung findest du jeweils einige Fragen; du kannst sie alle beantworten oder nur die, die etwas in
dir auslösen, oder du verwendest sie einfach als Anregung für
deine eigenen Überlegungen.

Beginne mit den ersten fünf Übungen und widme ihnen besonders viel Aufmerksamkeit. Sie bilden die Basis für alle anderen Übungen. Wenn du dich mit ihnen vertraut gemacht hast,
kannst du dir aus den anderen diejenigen aussuchen, die dich
besonders ansprechen, und sie in einer beliebigen Reihenfolge
durchführen.

Das Abenteuer, auf das du dich begibst, wird dein Leben lang
andauern; du musst nicht möglichst schnell alle Übungen erledigen oder dir eine ganz bestimmte Fähigkeit aneignen. Den
Lohn der Mühe wirst du in dir selbst finden – wenn du erkennst,
wie viel Kraft in Wahrheit in dir schlummert. Mithilfe dieses Buches wirst du inneren Frieden finden, der dir hilft, deine übersinnlichen Verbindungen voll zu entfalten.

ERSTER
TEIL

DEINE
ÜBERSINNLICHEN
FÄHIGKEITEN

Wenn Menschen ihre übersinnlichen Fähigkeiten beschreiben, tun sie das oft auf sehr persönliche Weise. Um deine eigenen übersinnlichen Fähigkeiten zu entwickeln, musst du zunächst verstehen, wie du auf deine ganz individuelle Art und Weise Botschaften aus den unsichtbaren Regionen empfängst. Es gibt einige Grundvoraussetzungen dafür, dass sich übersinnliche Kräfte entfalten, und je weiter du sie ausbaust, desto deutlicher wirst du erkennen, wie genau Boten des Göttlichen, deine Vorfahren oder andere Stimmen zu dir sprechen. Je vertrauter du mit diesen Grundbausteinen des Übersinnlichen wirst, desto feinfühliger wird deine Intuition und desto schärfer deine Fähigkeit, solche Botschaften vom Rauschen deiner Gedanken zu unterscheiden.

Im ersten Teil lernst du, mithilfe deiner Sinne deine übersinnlichen Fähigkeiten zu verfeinern, und du erfährst, wie deine Gefühle und Wünsche deiner medialen Praxis Kraft und Bedeutung verleihen. Dabei wird es auch um die Selbstzweifel gehen, die uns ständig begleiten, sowie darum, wie wir sie uns in der übersinnlichen Praxis zunutze machen können, ohne dass sie unser Selbstvertrauen schwächen. Außerdem wirst du lernen, dich vor jeder übersinnlichen Tätigkeit durch Meditation zu sammeln; dadurch wird es sich nach einer Weile ganz natürlich anfühlen, Kontakt zum Universum aufzunehmen. Dabei helfen dir eine leicht zu befolgende Schritt-für-Schritt-Anleitung sowie eine Meditation; anschließend kannst du dich an den Übungen versuchen, die im zweiten Teil beschrieben werden.

WAS SIND ÜBERSINNLICHE KRÄFTE?

Mit dem Wort »übersinnlich« verbinden viele Leute eine Menge Vorurteile. Wenn diese Gabe erwähnt wird, wird sie oft als Quatsch abgetan, als obskur oder als trickreiche Taschenspielerei. Daher musst du dir zunächst klarmachen, was es heißt, übersinnliche Fähigkeiten zu besitzen, und gängige Missverständnisse von der Wahrheit trennen: Die eigenen übersinnlichen Kräfte zu nutzen bedeutet, sich selbst und andere mit der unerschöpflichen Quelle bedingungsloser Liebe und der Energie des Universums zu verbinden. Die Verbindungen, die du durch dein Mitgefühl, dein Wissen und deine guten Absichten herstellen kannst, sind für Menschen, die sich nach Verbundenheit und Trost und einem Abschluss sehnen, von unschätzbarem Wert. Wenn du deine übersinnlichen Kräfte entfaltest, kannst du anderen Menschen helfen und sie heilen, und du wirst zum Sprachrohr für Botschaften des Universums und des *Geistes*, die an dich oder an andere gerichtet sind.

Der Begriff »Universum« umfasst das gesamte Potenzial und die grenzenlose Fülle, die uns allen zur Verfügung steht. Es ist der unendliche Vorrat an Wissen, von dem wir alle ein Teil sind und den wir uns daher zunutze machen können, um unsere Ziele mit den Zielen der Natur in Einklang zu bringen. Oft verwenden wir den Begriff »Universum«, wenn wir darüber sprechen, dass sich bestimmte Absichten zeigen, oder wenn es um die Energieströme geht, von denen wir alle erfasst werden. Der »*Geist*« ist dagegen eine intelligentere und persönlichere

Stimme, die sich ausschließlich an dich richtet und dir Botschaften des Göttlichen übermittelt, die den Gang deines Lebens verändern können. Er kann durch Geistführer sprechen, durch Vorfahren, dein Höheres Selbst oder geliebte Menschen im Jenseits. Wenn du plötzlich eine Vision hast, die dich mit einem Freund verbindet, oder eine Botschaft empfängst mit Bezug auf einen Menschen, der dir nahesteht, dann spricht der *Geist* zu dir. Du kannst dafür aber auch jeden anderen Begriff verwenden, der für dich passt. Die Kräfte, die größer sind als wir alle, haben unzählige Namen.

Die Absicht übersinnlichen Wirkens

Der erste Schritt, um deine übersinnliche Begabung auszubauen – deine Fähigkeit zu helfen, zu heilen und zu kommunizieren –, besteht darin, dass du deine Absichten definierst. Eine klar formulierte Absicht, warum du diese kostbare Gabe entwickeln und stärken willst, wird dir – zusammen mit dem Verständnis davon, was übersinnliches Wirken wirklich bedeutet – helfen, gegen die engstirnigen Meinungen vorzugehen, die andere Menschen möglicherweise äußern. Wenn du dir klarmachst, warum du diesen Weg einschlagen willst, dann wirst du tief in deinem Inneren wissen, dass du diese Absicht, dieses Ziel eines höheren Bewusstseins, aufrichtig verfolgen kannst.

Mit einem Freund in Not telepathische Verbindung aufnehmen; die Bedeutung eines Gegenstandes verstehen, der dich mit Freude oder Trauer erfüllt oder dir Rätsel aufgibt; Nähe zu einem geliebten Menschen herstellen, der verstorben ist – all das sind mögliche Absichten, die du für dich bestimmen kannst, bevor du dich deiner übersinnlichen Praxis widmest. Deine Absicht positiv zu formulieren, wird dir helfen, dein Selbstvertrauen aufrechtzuerhalten, während du deine angeborene Gabe weiter verfeinerst, und es wird die ersten Schritte auf deinem Weg hin zu übersinnlichem Wirken entscheidend prägen.

Übersinnliche Fähigkeiten und Intuition

Hattest du schon einmal plötzlich das Gefühl, dass irgendetwas überhaupt nicht stimmt? Etwa dass deiner Freundin ihr neuer Freund nicht guttut, oder dass eine Kollegin Geld aus der Kasse klaut? Vielleicht war dir nicht klar, warum du das wusstest, aber du wurdest die Gewissheit nicht mehr los. Dann war deine Intuition am Werk.

Die Intuition ist eine angeborene Form der Intelligenz, die wir alle besitzen. Sie ist eine Antenne im Nachrichtenstrom des Universums. Jeder Mensch und jeder Gegenstand sendet fortwährend Schwingungen aus. Was Menschen auch sagen oder tun – von ihnen geht ein Gefühl des Getrenntseins aus, das wir erfassen können. Dein Höheres Selbst ist der Teil von dir, der zwischen den Welten existiert, und deine Intuition ist die Stimme dieses Höheren Selbst. Dieser Teil deines Wesens kommuniziert mit dir, damit du die Wahrheit erkennst, die in allem Unausgesprochenem liegt.

In zahlreichen Berufen wird Intuition geschätzt und gefördert; so kann etwa ein Arzt in einer kritischen Phase einer Operation intuitiv wissen, was zu tun ist, oder ein Börsenmakler entdeckt ein lukratives Investment, bevor alle anderen darauf stoßen. Diese Fähigkeit, hinter oberflächliche Signale zu blicken, kann mit etwas Einsatz von Zeit und Energie gestärkt werden.

Jedes übersinnliche Wirken erfordert Intuition. Darüber hinaus wird sie auch für die Deutung der Botschaften verwendet, die man bei einer spirituellen Sitzung empfängt. Wenn man sich einem anderen Menschen aufmerksam und bewusst zuwendet, kann man dadurch eine Brücke von der natürlichen Intuition zu einer voll ausgeprägten übersinnlichen Fähigkeit schlagen. Übersinnliche Fähigkeiten zu entwickeln bedeutet, die eigenen intuitiven Fähigkeiten auf ein höheres Niveau zu bringen, um Botschaften zu senden, mit dem Jenseits Kontakt aufzunehmen und vorherzusagen, was in der Zukunft geschehen wird. Übersinnliche Fähigkeiten sind also im Grunde eine Form der Intuition.

Weiter unten wirst du noch mehr über Intuition lernen sowie darüber, wie sie deinen Weg ins Reich des Übersinnlichen prägt. Außerdem wirst du erfahren, auf welche möglichen Hindernisse du achten solltest, und wie genau du deine Intuition verfeinern und mit ihr eins werden kannst.

WER SENDET DIESE BOTSCHAFTEN?

Die Botschaften, die du bei deiner spirituellen Praxis empfängst, stammen aus unterschiedlichen Quellen. Jede dieser Stimmen ist einzigartig, und im Lauf der Zeit wirst du mit ihnen allen vertraut werden. Du wirst lernen sie zu unterscheiden, indem du achtsam registrierst, welche Form deine Gedanken annehmen, welche Gefühle die Botschaften in dir auslösen und was sie in deinem begrifflichen Denken bewirken. Übersinnliche Botschaften können aus folgenden Quellen stammen:

Geistführer und Engel

Geistführer oder Engel sind hoch energetische Wesen, die dich auf Schritt und Tritt begleiten und dir beistehen. Sie kommunizieren fortwährend mit dir: durch Symbole, Zahlen oder Menschen. Ihre Aufgabe ist es, dir Anstöße zu geben, damit du bestimmte Punkte deines Seelenvertrages erfüllst (das ist eine Art Aufgabenliste, die dein Höheres Selbst vor Beginn deines Lebens erstellt hat). Wenn du dein übersinnliches Vermögen aktivierst, kannst du von deinen eigenen Geistführern Botschaften empfangen und mit ihnen kommunizieren, aber auch mit denen anderer Menschen.

Die Stimme eines Geistführers ist friedlich, aber auch kraftvoll. Sie meldet sich rasch zu Wort und ist oft die erste Stimme, die du vernimmst, wenn du deine Aufmerksamkeit schärfst, und sie ist erstaunlich neutral. Sie vermittelt dir ein Gefühl der

Wahrhaftigkeit und des Friedens. Sie kommt ohne großes Trara daher, eher wie eine stille Gewissheit. Sie ist die Stimme, die dir sagt, dass du dich auf die Stelle bewerben sollst, die du gerade entdeckt hast, oder dich dem interessanten Unbekannten vorstellen sollst, mit dem du gerade Blickkontakt aufgenommen hast. Oft fordert sie dich heraus – wobei sie jedoch stets nur dein Bestes will –, aber sie beobachtet dich auch in deinem Handeln. Sie bleibt nicht lange und ist nicht beharrlich. Sie gesellt sich still zu dir, bietet sich an und spült dann über dich hinweg.

Das Höhere Selbst

Wie bereits erwähnt, ist dein Höheres Selbst der Teil deiner Persönlichkeit, der zwischen dem Diesseits und dem Jenseits existiert. Es verkörpert die wahre Identität deiner Seele – den Teil von dir, der ewig ist, der du schon immer warst und zu dem du immer wieder zurückkehren wirst. Dein Höheres Selbst ist dein Wissen; es ist die natürliche, intuitive Seite deines Selbst, deren Stimme du zwar wahrscheinlich schon einmal gehört, aber womöglich abgewiesen hast. Stellst du dir unseren Planeten Erde als Klassenzimmer für spirituelles Heilen und Lernen vor, ist dein Höheres Selbst der Lehrer.

Wenn deine übersinnliche Wahrnehmung gut entwickelt ist, kannst du auch das Höhere Selbst anderer Menschen erspüren. Das Höhere Selbst eines Menschen unterscheidet sich oft erheblich von der Art, wie er sich nach außen hin gibt. Wenn es versucht, aus dem Schatten zu treten, in den es die jeweilige Person verbannt hat, kannst du spüren, dass zwischen dem, was die Person sagt, und dem, was sie wirklich ist, eine Kluft besteht.

Die Stimme deines Höheren Selbst erkennst du intuitiv als deine eigene. Es wohnt in dir und kommt aus deinem Inneren. Es ist dir tief vertraut und wie eine perfekte Version deiner selbst. Es ist rundherum positiv und muntert dich auf. Oft hat es das große Ganze im Blick und erkennt, welche Lehren du aus dem, was in deinem Leben geschieht, ziehen kannst.

Geliebte Menschen im Jenseits

Bei deiner spirituellen Praxis kommst du möglicherweise auch in Kontakt mit Verstorbenen. Das können deine eigenen Vorfahren sein, Menschen, die du persönlich gekannt hast, aber auch Angehörige von jemandem, mit dem du eine spiritistische Sitzung hältst. Die Energie, die dabei zu spüren ist, kann sich anfühlen, als hättest du die Gedanken eines anderen Menschen, seine Worte, seine Ansichten. Es kann sich anfühlen, als würde etwas an dir nagen oder dich bedrängen, als müsstest du auf der Stelle etwas tun. Oft verlangen diese Stimmen auch von dir, etwas Bestimmtes zu tun. Auch Visionen können sich einstellen, die nicht deine eigenen sind, sondern sich anfühlen, als seien sie geborgt.

Spiritueller Schauder

Wenn du eine bedeutende Botschaft vom *Geist* oder deinem Höheren Selbst empfängst, kann sich das in einem untrüglichen körperlichen Signal niederschlagen, dem »spirituellen Schauder«. Dabei handelt es sich um ein ganz besonderes Gefühl, das du vielleicht schon einmal verspürt hast, ohne zu verstehen, was es damit auf sich hat. Es geht vom Scheitel oder der Körpermitte aus und verbreitet sich von dort aus in einer warmen

Bewegung. Körperlich gesehen fühlt es sich wie eine Mischung aus Gänsehaut und einem sich ausbreitenden Kribbeln an.

Dieser spirituelle Schauder kann auftreten, wenn etwas »widerhallt«, also wenn Menschen etwas hören, das tief in ihre Seele eindringt. Das kann bei einer spiritistischen Sitzung passieren, während eines tiefgründigen Gesprächs mit Freunden, oder wenn man etwas zum ersten Mal in all seiner Bedeutung erkennt. Je mehr du diesen spirituellen Schaudern deine Aufmerksamkeit widmest, desto öfter werden sie auftreten.

Die Stimme des Egos

Die Stimme deines Egos ist der menschliche Teil von dir, der Botschaften sendet. Sie ist nicht dasselbe wie die Stimme deines Höheren Selbst, denn sie ist ausschließlich in der materiellen Welt verankert. Diese Stimme ist oft die lauteste, aber nie die erste, die zu dir spricht. Sie kommt nach den Stimmen des *Geistes*, der geliebten Menschen im Jenseits, der Engel und Geistführer und anderer erhabener Wesen sowie deines Höheren Selbst. Sie spielt Erfolge herunter oder wischt etwas beiseite, das sich wie eine Verbindung angefühlt hat. Sie ist für gewöhnlich die pessimistische, zweifelnde und ängstliche Stimme, die auf alle intuitiven Gedanken folgt. Ob du der Stimme deines Egos Beachtung schenkst oder nicht, wird von der Situation abhängen – unterdrücken kannst du sie jedoch nicht. Wenn du verstehst, was sie von dir will, und warum, gewinnst du tiefere Einsichten in deine übersinnlichen Fähigkeiten und kannst sie besser kontrollieren. Weiter unten in diesem Kapitel wirst du erfahren, welche Ziele das Ego verfolgt und welchen Einfluss es auf die Intuition hat. Im zweiten Teil findest du Hinweise, wie du seine Stimme im Zaum hältst, wenn es sich bei bestimmten Übungen zu Wort melden will.

Die kreative Stimme

In deinem Kopf herrscht ein pausenloser Wirbel aus Gedanken, Ideen und Verbindungen. Dein Geist ist ständig in Bewegung, erschafft Neues und reagiert auf deine Umwelt. Daher wird es zu deiner spirituellen Entwicklung gehören, deine kreative Stimme von den Botschaften zu unterscheiden, die du vom *Geist* oder deinem Höheren Selbst empfängst. Anfangs wirst du übersinnliche Botschaften und deine Einbildungskraft oft miteinander verwechseln. Dann glaubst du, in deinem Geist etwas Besonderes zu verspüren, was sich aber einfach nur als ein Werk deiner Einbildungskraft erweist. Deine kreative Stimme kann auch durch das beeinflusst werden, was du siehst oder beobachtest oder was dich im Leben gerade beschäftigt.

Du wirst feststellen, dass deine kreative Stimme viele Formen annehmen kann und dass sie ein bisschen überdreht und laut ist, wie die Stimme eines Kindes. Sie meldet sich scheinbar zufällig zu Wort, in Verbindung mit etwas, das du schon längst getan hast oder von dem du dir wünschst, dass es geschieht. Die Übungen im zweiten Teil dieses Buchs helfen dir, deine kreative Stimme von den übersinnlichen Botschaften, die du empfängst, zu trennen. Das ist langwierig und erfordert Geduld und viel Selbstreflexion, aber wenn du es einmal beherrschst, wird dein übersinnliches Geschick dadurch bedeutend gewinnen.

DIE SECHS HELLSINNE

Wenn du empfänglich für die Botschaften aus den Regionen jenseits der materiellen Sphäre bist, eröffnet sich dir eine ganze Welt neuartiger Sinneseindrücke. Die Gesellschaft hat dich gelehrt, auf deine fünf körperlichen Sinne zu achten und sie zu nutzen: Hören, Sehen, Schmecken, Fühlen und Riechen. Mit diesen fünf Sinnen erfassen wir die Welt um uns herum. Doch um dich spirituell weiterzuentwickeln, musst du dieses grundlegende Wissen in mancher Hinsicht aktualisieren und erweitern, und zwar um die übersinnlichen Sinne, die im selben Maße wie ihre körperlichen Entsprechungen wirklich und erlebbar sind. So wirst du in der Lage sein, nicht nur stoffliche Vorgänge zu erfassen, sondern auch das, was jenseits des Materiellen liegt. Dann wirst du ein Medium für spirituelle Kräfte, und der *Geist* nutzt die Funktionen deines Körpers, wie etwa die fünf Sinne, um dir zu zeigen, was du wissen sollst.

Die sechs Hellsinne sind unabdingbar, wenn du deine übersinnlichen Fähigkeiten schärfen willst; deshalb wirst du auch bei den Übungen später im Buch immer wieder auf sie stoßen.

Hellsehen

Hast du schon einmal gesehen, wie eine Person von einem unmerklichen Farbschimmer umgeben wurde, oder ist vor deinem inneren Auge schon einmal plötzlich ein Bild aufgetaucht, das ganz deutlich war und irgendwie fremd wirkte? Hellsichtigkeit ist die Fähigkeit, Bilder aus der Vergangenheit, der Gegenwart oder der Zukunft zu »sehen«, entweder mit dem körperlichen Sehsinn oder dem dritten Auge. Geschickt werden dir diese Bilder vom *Geist*, und sie stellen entweder eine bestimmte Botschaft dar, eine Bestätigung oder eine Solidaritätsbekundung mit den Kräften, die mächtiger sind als du, oder sie sollen eine bestimmte Erfahrung unterstreichen. Mit der Zeit wirst du lernen, Bilder der Vorstellungskraft und solche der Hellsichtigkeit zu unterscheiden. Viele der Übungen im zweiten Teil verwenden die Hellsichtigkeit, wie etwa »Das dritte Auge öffnen«, »Geistführer« oder »Der übersinnliche Kalender«.

Hellhören

Weißt du manchmal, welcher Song als nächster kommt, wenn deine Playlist im Shuffle-Modus läuft? Oder »hörst« du das Telefon läuten, bevor es tatsächlich läutet? Hellhörigkeit ist die Fähigkeit, Botschaften des *Geistes* und deines Höheren Selbst zu »hören«, entweder mit deinem körperlichen Hörsinn oder als Stimme in deinem Denken. Es kann sich auch um eine Stimme in deinem Denken handeln, die nicht die deine ist. Mit etwas Übung wirst du lernen, die zahlreichen Stimmen in deinem Inneren zu unterscheiden, von deinen eigenen Gedanken bis zu den verschiedenen spirituelle Botschaften. Im zweiten Teil wirst du deine Hellhörigkeit trainieren, etwa in den Übungen »Fotos energetisch lesen«, »Fernwahrnehmung« oder »Telepathische Nachrichten«.

Hellfühlen

Hast du schon einmal den Impuls verspürt, einen Unbekannten nach seinem Befinden zu fragen, weil du gemerkt hast, dass er traurig war oder sich fehl am Platz gefühlt hat? Verspürst du manchmal eine unerklärliche Freude, wenn jemandem etwas gelingt, selbst wenn du die Person kaum kennst? Hellfühlen ist die Fähigkeit, Empfindungen zu verspüren, die in Verbindung mit jemand anderem stehen. So wie der *Geist* sich deiner fünf körperlichen Sinne bedient, um Botschaften zu übermitteln, nutzt er auch deine Emotionen. Dann kannst du hinter die Maske blicken, die ein Mensch trägt. Oder du weißt, dass ihn etwas beschäftigt, obwohl er beteuert, es sei »alles in Ordnung«. Du spürst die Wahrheit so intensiv wie deine eigenen Gefühle. Die Gefühle anderer Menschen zu spüren und sie als Hinweise auf das zu deuten, was gerade vor sich geht, ist eine wertvolle spirituelle Gabe. Deine Geistführer, die geliebten Menschen im Jenseits und dein Höheres Selbst möchten dich dazu bewegen, diese Gabe stärker zu nutzen.

Hellfühlen kann sich auch körperlich äußern. Dann wird dir möglicherweise schlecht, wenn dir oder jemand anderem etwas Bedenkliches bevorsteht, oder du verspürst einen »Schattenschmerz«, wenn du die gesundheitlichen Probleme eines anderen Menschen aufgreifst. Schattenschmerzen sind Schmerzen des Mitgefühls, mit denen du die Schmerzen einer anderen Person widerspiegelst. Sie sind nicht so stark wie die eigentlichen Schmerzen, stellen aber dennoch eine Botschaft dar.

Je mehr du deine übersinnlichen Fähigkeiten erweiterst, desto besser wirst du zwischen deinen eigenen Empfindungen und denen, die du von anderen übernimmst, unterscheiden können. In vielen der Übungen des zweiten Teils geht es auch um Hellfühlen, etwa in »Die Gefühle anderer Menschen spüren«, »Botschaften von Gegenständen« oder »Botschaften aus alten Familienfotos«.

Hellwissen

Hast du schon einmal intuitiv gewusst, dass jemand bösartige Absichten hatte, obwohl du die betreffende Person gar nicht kanntest? Ist dir schon einmal während eines Gesprächs plötzlich ein Name in den Sinn gekommen, und als du den Namen dann erwähnt hast, hat sich herausgestellt, dass der Namensträger für deinen Gesprächspartner eine bestimmte Bedeutung hatte? Hellwissen ist die Fähigkeit, Dinge zu wissen, ohne für dieses Wissen empirische Beweise zu haben. Dieses übersinnliche Wissen kann sich sehr gesichert anfühlen, und meist ist es für andere nicht so offensichtlich wie für einen selbst. Wenn du deine übersinnlichen Fähigkeiten ausbaust, wirst du lernen, solches Wissen von bloßen Vermutungen oder Wünschen zu unterscheiden. Im zweiten Teil kannst du dein Hellwissen bei bestimmten Übungen anwenden, etwa bei »Langfristige Vorhersagen«, »Reinigung und Segnung von Räumen« oder »Ein Edelstein für die spirituelle Arbeit«.

Hellriechen

Hast du schon einmal in einem Innenraum plötzlich den Duft einer Blume gerochen, der von nirgendwoher zu kommen schien? Oder hattest du im Alltag unvermittelt den Duft eines Gerichts in der Nase, das deine Großmutter oft gekocht hat? Hellriechen ist die Fähigkeit, Dinge zu riechen, die sich nicht in der Nähe befinden. Oft ist sie mit der Empfänglichkeit für spirituelle Botschaften verbunden, etwa von Geistführern oder von geliebten Menschen aus dem Jenseits, die Kontakt aufnehmen wollen. Hellriechen kommt oft überraschend, und bei vielen Übungen des zweiten Teils kann es ganz unerwartet auftreten.

Achte besonders bei der Übung »Kommunikation mit Haustieren« darauf, denn häufig nutzen Haustiere diesen Kanal, um dir Botschaften zu senden!

Hellschmecken

Hast du manchmal unvermittelt bestimmte Geschmacksempfindungen im Mund? Scheinen sie dich zu irgendetwas zu drängen, zum Beispiel dass du dich an etwas erinnern oder jemandem eine Botschaft übermitteln sollst? Hellschmecken ist die Fähigkeit, Geschmacksempfindungen zu verspüren, ohne dass diese einen konkreten Auslöser haben. Im Lauf der Zeit wirst du erkennen, dass du auch auf diesem Kanal energetische Botschaften empfangen kannst, die denen, an die sie gerichtet sind, Wissen und Beistand vermitteln. Bei etlichen Übungen des zweiten Teils wirst du das Hellschmecken möglicherweise erleben. So kann etwa in der Übung »Botschaften aus alten Familienfotos« diese übersinnliche Fähigkeit im Zentrum stehen.

NUTZE DEINE INTUITION

Tief in deinem Inneren gibt es eine Stimme, die nicht allein deine Stimme ist. Es ist die Stimme althergebrachten Wissens, und sie verbindet dich mit dem kollektiven Bewusstsein. Durch sie spricht das Universum zu dir, und du kannst dich ihr jederzeit öffnen. Diese Stimme ist deine Intuition. Wie bereits erwähnt, ist sie ein wichtiger Bestandteil deiner übersinnlichen Fähigkeiten.

Wenn du auf diese Stimme hörst, stärkst du deine über-sinnlichen Fähigkeiten, und wenn du dich auf sie stützt, wird dein Selbstvertrauen wachsen. Dann wird dein spiritueller Weg wahrhaft beginnen. Dabei kommt es vor allem auf die folgenden Punkte an. Halte sie dir stets vor Augen, wenn du deine Intuition nutzt und ausbaust, sowohl bei der Arbeit mit diesem Buch als auch darüber hinaus.

Du bist der Schlüssel

Übersinnliche Fähigkeiten zu entwickeln bedeutet, du selbst zu werden. Du wirst dabei mehr über dich selbst lernen als jemals zuvor, und du wirst lernen, Botschaften aus dem Jenseits zu entschlüsseln. Denke auf deinem Weg stets daran, dass deine Reise nach innen geht. Alle Antworten finden sich in dir. Wenn du dieses Wissen aus seinem Schlummerzustand weckst, wirst du in so vielerlei Hinsicht erwachen, wie du es nie für mög-lich gehalten hättest. Übersinnliche Fähigkeiten zu entwickeln bedeutet, Heilung zu erfahren. Dabei kannst du Wunden aus der Vergangenheit schließen, sodass sie keinen Einfluss mehr darauf haben, wie du heute und in der Zukunft handelst.

Wenn du dir deine Intuition zunutze machen und dadurch deine spirituellen Kräfte entfalten willst, musst du jene Schichten deines Inneren ablegen, die dir keine Hilfe sind. Diese Schichten wirst du ganz von selbst erkennen, wenn du auf deinem spirituellen Weg auf Hindernisse stößt. Wenn du dir etwa ständig Gedanken darüber machst, was die anderen über dich denken, wirst du möglicherweise Schwierigkeiten haben, dich laut zu äußern. Dann bemerkst du vielleicht, wie sehr diese spezielle Angst dich im Leben einschränkt. Wenn du dann dir selbst und anderen übersinnliche Botschaften sendest, konfrontierst du dich direkt mit dieser Angst. Die Fragen, die du jeweils im Anschluss an die Übungen des zweiten Teils findest, helfen dir dabei, derlei Hindernisse zu überwinden. Wenn du nach jeder Übung deine Gefühle, deine Enttäuschungen und die neu gewonnenen Einsichten notierst, wirst du erkennen, welche Dinge dir im Weg stehen und wie du sie überwinden kannst.

Wie bereits erwähnt, wird der *Geist* dich als Medium für Botschaften nutzen, die er über deinen emotionalen, deinen physischen und deinen spirituellen Körper sendet. Wenn du dir also deine Intuition zunutze machen willst, dann höre auf dich selbst. Höre auf das, was dein Kummer dir sagt. Höre auf das, was ein plötzlicher Schmerz in der Brust dir sagt. Höre auf das, was dir dein Bauchgefühl in einer bestimmten Situation sagt. Auf sich selbst hören – das machen alle Menschen, die ihre übersinnlichen Fähigkeiten voll entwickelt haben. Wie Samen in der Erde ist deine Intuition fest in jeder Begegnung mit anderen Menschen verankert. Deine übersinnlichen Fähigkeiten und entsprechende Übung werden den Samen deiner Intuition zum Sprießen bringen.

Ego und Intuition

Eines der Hindernisse, denen du auf deinem Weg begegnen wirst, ist dein Ego. Das Ego ist jener Teil deiner Persönlichkeit, der für dein Überleben sorgt. Am besten gelingt ihm das, wenn es sicherstellt, dass du stets derselbe Mensch bleibst. Daher drängt es alles, was Veränderungen hervorrufen könnte, auf der Stelle zurück und bringt es zum Verschwinden. Wenn du deine übersinnlichen Fähigkeiten entwickeln willst, wird es versuchen, deine Intuition herabzuspielen. Selbstzweifel, Skepsis, Angst, mangelndes Selbstvertrauen – all das sind äußerst wirksame Mittel, die das Ego verwendet, um dich davon abzuhalten, deine angeborenen Fähigkeiten zu stärken.

Je mehr du über dein Ego weißt und je besser du verstehst, auf welche Weise es versucht, deine Entwicklung zu hemmen, desto deutlicher wirst du es wahrnehmen, aber desto mehr wirst du es auch außer Acht lassen können. Deine spirituelle Reise wird dich mit Gewissheit verändern. Das wird Schritt für Schritt geschehen, doch am Ende wirst du einen anderen Platz im Leben einnehmen als zu Beginn. Möglicherweise hast du Angst davor, Fehler zu machen, deine Fähigkeiten auszuüben oder anderen von deinem Abenteuer zu erzählen. Aber diese Angst ist etwas Positives; sie hilft dir, dich zu entwickeln und dir selbst und dem *Geist* näherzukommen. Wenn du deine Intuition schärfst und so deine übersinnlichen Fähigkeiten ausbaust, sei gewiss, dass du in Sicherheit bist und von Liebe und Wohlwollen getragen wirst, und dass du ganz natürlich wachsen und dich verändern kannst. Dann wird dir dein Ego nicht in die Quere kommen.

Befreie dich von Urteilen und Selbstzweifeln

Urteile anderer und Zweifel an dir selbst – diese lästigen Ge-
fährten deines Egos – können die Motivation, deine natürliche
Intuition zu pflegen, spürbar mindern. Doch um innerlich zu
wachsen, musst du deine Intuition pflegen!

Sich daran zu gewöhnen, Zweifel zu haben und kritisch be-
urteilt zu werden, wenn man sich auf seine Intuition verlässt,
ist der erste Schritt zur Überwindung dieser Hemmnisse. Wenn
du dich der Angst vor solchen Urteilen stellst, wird ihr Einfluss
zurückgehen. Mit der Zeit wirst du unempfindlich für die Macht
des Egos werden, und es wird seine Kontrolle über dich verlieren.

Bestätigung durch unvoreingenommene Freunde, durch
deine eigenen Notizen oder durch den *Geist* wird dir auf deinem Weg dabei helfen, deine Intuition wachzuhalten. Bestätigung heißt hier nicht, dass du das Gefühl hast, alles richtig zu
machen, sondern dass du dich auf das, was deine Intuition dir
sagt, verlässt und dich an diese Stimme gewöhnst. Freunde, die
dir zu Fortschritten gratulieren und dich bei der Entwicklung
deiner übersinnlichen Fähigkeiten unterstützen, werden wertvolle Helfer und Lehrer sein. Menschen, mit denen du gemeinsam üben kannst und die dir auf deine intuitiven Botschaften
eine wohlüberlegte und anregende Rückmeldung geben, sind
entscheidend für dein inneres Wachstum. In deinen Notizen
(oder deinem Tagebuch) wirst du deine Erfahrungen mit deiner Intuition in griffiger Weise zusammenfassen. Auch die Zeit
ist ein wertvoller Begleiter. Sie ermöglicht dir, zurückzublicken
und zu erkennen, wo du richtig lagst und wie es sich angefühlt
hat, die entsprechenden Botschaften zu empfangen. Wirst du
auf deinem Weg Fehler machen? Natürlich! Doch aus Fehlern

lernt man am besten; sie zeigen dir, wo dein Ego deiner Intuition in die Quere kommt.

Lass deine eigenen Wünsche los

Das Ego stellt oft auch bestimmte Wünsche in den Vordergrund, die die Intuition und die übersinnlichen Fähigkeiten verwässern. Wenn du dir zum Beispiel wünschst, dass eine Freundin glücklich ist, dann aber eine Botschaft erhältst, von der du weißt, dass sie die Freundin aufwühlen wird, wäre es am bequemsten, ihr die Botschaft zu übermitteln, die du ihr übermitteln *willst*, und nicht diejenige, die der Wahrheit entspricht. Oder du ignorierst dein Bauchgefühl, das dir sagt, dass etwas nicht in Ordnung ist, weil du nicht willst, dass dem so ist. Es dauert, bis man gelernt hat, die eigenen Wünsche klar zu erkennen, aber dann kann man diese Fähigkeit immer und überall anwenden und sie durch Übung und Achtsamkeit immer weiter ausbauen.

VORBEREITUNG AUF DIE ARBEIT MIT DEM ÜBERSINNLICHEN

Wenn man sich der kollektiven Energie des Universums öffnet, kann die schiere Menge an Schwingungen und Boten erdrückend sein. Daher ist es ratsam, sich durch die folgenden Schritte auf die Arbeit mit dem Übersinnlichen vorzubereiten.

Erster Schritt: Die Absicht festlegen

Vor jeder übersinnlichen Tätigkeit solltest du immer als Erstes deine Absicht definieren. Wenn du eindeutig benennst, was du mit einer bestimmten spirituellen Übung erreichen willst, wird dir das den Weg zu deinem Ziel öffnen. Eine klar umrissene Absicht zeigt dir, welche Richtung du einschlagen musst, und hilft dir, dich nicht von anderen Energien und Gedanken ablenken zu lassen und fest und sicher mit dir selbst verbunden zu bleiben.

Dein spirituelles Tun kann die unterschiedlichsten Absichten haben: deine persönliche Entwicklung zu fördern, anderen zu helfen oder einfach nur eine freudvolle Neugierde zu befriedigen. Der Wunsch, der sich darin jeweils ausdrückt, lässt deine übersinnlichen Fähigkeiten aufflammen. Wenn du dir die Zeit nimmst, bewusst über deine Absichten nachzudenken, bekräftigst du dadurch deine Wünsche und kannst immer wieder auf sie zurückkommen.

Den Schutz der höchsten Mächte sowie Beistand aus dem

Reich des Spirituellen erhältst du nur, wenn deine Absichten gut sind. Wenn deine Absichten nichts mit deinem Ego zu tun haben, werden dir Geistführer, Meister der Weisheit und die Energie des Universums beistehen. Daher wirst du mit deiner spirituellen Praxis weitaus mehr erreichen, wenn du anderen helfen oder sie inspirieren oder dich selbst entwickeln möchtest, als wenn dich Eifersucht, Rachsucht oder sonstige böse Absichten antreiben. Wünsche müssen immer starke Schwingungen mit sich bringen. Weil du ein Mensch bist, ist es ganz normal, dass dich auch niedere Bedürfnisse beschäftigen; daher wird es ein Teil deiner spirituellen Arbeit sein, das Gute in deinen übersinnlichen Fähigkeiten zu erkennen und dich darauf zu konzentrieren.

Nimm dir also einen Moment Zeit zum Nachdenken, bevor du dich einer spirituellen Übung widmest. Lege fest, was du tun willst, und warum. Notiere deine Absicht und mache sie dir klar. Dabei kommt es nicht darauf an, dass die Absicht möglichst präzise formuliert ist, sondern dass du dir selbst über sie im Klaren bist. Denke ein paar Minuten darüber nach und vergewissere dich, dass deine Absicht zu deinem eigenen Besten und zum Besten der Menschen in deinem Umfeld ist.

Zweiter Schritt: Sammlung durch Meditation

Wenn du vor einer spirituellen Übung meditierst, versetzt du dich in einen Zustand wohltuender Schwingung, in dem du besonders offen für die Botschaften des *Geistes* bist. Außerdem wird dadurch die Kommunikation zwischen dir und deinem höheren Selbst erleichtert. Wenn du dir die Zeit für eine solche vorbereitende Meditation nimmst, öffnest du dich dem überreichlichen Wissen und der Kraft, die das Universum laufend ausstrahlt, und wirst dadurch die bestmöglichen Ergebnisse erzielen. Die Energie wird dich freier durchströmen, und es wird dir leichter fallen, die Schwingungen als Botschaften zu lesen.

Anfangs fällt dir das Meditieren möglicherweise schwer, denn dein Ego wird dir immer wieder dazwischenfunken. Wenn du dir klarmachst, dass die Angst vor Veränderung, Verbindung und spirituellem Erwachen während des Meditierens zu Unruhe führen kann, kannst du diese Gedanken während der Meditation besser an dir vorbeiziehen lassen. Je öfter du meditierst, desto leichter wird dir das fallen. Und irgendwann meditierst du regelmäßig, ja vielleicht sogar mehrmals am Tag.

Der Ort der Meditation

Mit der Zeit wirst du herausfinden, wie und wo du dich am besten mit deiner inneren Energie verbinden kannst. Ein ruhiger, abgeschiedener Ort, an dem du nicht gestört wirst, ist immer eine gute Wahl. Denn dort kannst du dich in aller Ruhe auf deine spirituelle Praxis vorbereiten.

Die Art der Meditation

Du kannst mit offenen oder geschlossenen Augen meditieren; meist wird jedoch empfohlen, die Augen zu schließen, weil man sich dann besser sammeln kann. Wenn du dich dabei unwohl fühlst, kannst du sie aber auch offen halten und den Blick auf etwas Friedliches, Ruhiges richten, wie etwa eine Pflanze oder eine Landschaft. Führe dann die folgenden Schritte durch:

1. Nimm eine bequeme Haltung ein, im Sitzen oder im Liegen.
2. Schließe die Augen oder richte den Blick sanft auf eine be-

stimmte Stelle. Atme tief durch die Nase ein, halte den Atem drei Sekunden lang und atme durch den Mund wieder aus.

3. Wiederhole den zweiten Schritt mehrere Male. Stell dir vor, dass beim Einatmen helles, heilendes Licht in dich strömt und du mit dem Ausatmen alles Negative abgibst. Wenn du magst, kannst du dabei leise ein Mantra wiederholen. Für den Anfang eignen sich leichte Mantras wie »Ich bin ganz« oder »Ich bin Liebe«. Alle Worte, die etwas in dir anrühren, eignen sich als Mantra und helfen dir, während des Meditierens fokussiert zu bleiben.

4. Wenn du spürst, dass es an der Zeit ist, öffne die Augen und beende die Meditation.

Achte auf dein Ego

Während du meditierst, werden in deinem Kopf immer wieder wie aus dem Nichts Gedanken aufblitzen. Dadurch will dich dein Ego aus der Bahn werfen. Während du in den meditativen Zustand gleitest, werden dir zum Beispiel Dinge einfallen, die du vergessen hast zu erledigen. Dann kommt dir etwa in den Sinn, dass du diesen nervigen Zahnarzttermin verschieben musst, oder dass du für den Kartoffelsalat, den du am Wochenende für die große Gartenparty machen willst, eine wichtige Zutat vergessen hast. Leg dir am besten Papier und Stift bereit, um diese Dinge zu notieren, die dir dein heimtückisches Ego unterjubelt. Schreib einfach alles auf, was dir in den Sinn kommt, und richte dann die Aufmerksamkeit wieder auf die Meditation.

Die Dauer der Meditation

Überlege dir, welche Zeitspanne dir guttut, und stelle dir einen Wecker. Anfangs sind das vielleicht nur fünf Minuten oder weniger, doch wenn du mehr Erfahrung hast, wirst du intuitiv wissen, welche Dauer für dich die richtige ist. Du kannst dich an einer Engelszahl orientieren, die dich in diesem Moment anspricht, und etwa elf Minuten oder elf Sekunden lang meditieren, aber auch jede andere Dauer nehmen, die sich für dich richtig anfühlt. Bedenke dabei immer: Das Ziel beim Meditieren ist es, Ruhe, Verbundenheit und Frieden zu empfinden, und nicht einfach nur eine bestimmte Zeit lang stillzusitzen.

Der Ablauf der Meditation

Die folgende Meditation kannst du vor jeder spirituellen Übung durchführen. Du kannst sie erst durchlesen, um dich mit ihr vertraut zu machen, und sie dir dann vorsprechen. Oder du nimmst sie auf und hörst sie dir ganz einfach an, wenn du meditieren möchtest.

»Beginnen wir nun mit der Meditation. Lege oder setze dich bequem hin, und wenn du möchtest, schließe die Augen. Atme drei Sekunden lang durch die Nase ein, halte den Atem drei Sekunden lang und atme dann durch den Mund drei Sekunden lang wieder aus. Atme erneut ein und spüre, wie sich dein ganzer Körper anspannt. Öffne den Mund und atme aus, bis deine Lunge ganz leer ist. Und noch einmal: Atme ein, halte den Atem und atme aus.

Jetzt atmest du natürlicher und entspannter und kannst dir die Absicht deiner spirituellen Übung vergegenwärtigen. Spüre, wie ein helles, weißes Licht auf dich herabsinkt und durch dein Herzchakra in dich eintritt. Dabei spürst du, wie sich in deinem Körper Wärme ausbreitet. Lass dich ganz von ihr durchdringen. Lass sie in jede Zelle, jeden Muskel, jeden Knochen. Du spürst, wie sie deine Seele im Innersten erreicht.

Atme tief durch die Nase ein und nimm dabei diese Kraft ganz in dich auf. Halte den Atem drei Sekunden lang und spüre aufmerksam, wie sie sich wohltuend in deinem ganzen Selbst ausbreitet. Atme dann durch den Mund aus, in der Gewissheit, dass deine Absicht nun gefestigt und Teil deiner Energie ist. Spüre jetzt, wie dich eine Welle der Dankbarkeit für das Wirken des Geistes und seinen Beistand erfasst. Anfangs ist diese Welle klein, dann wird sie stärker, während sie in deinem Inneren wogt, und schließlich erfasst sie dich mit ihrer ganzen Kraft. Atme diese Dankbarkeit drei Sekunden lang durch die Nase ein. Halte den Atem drei Sekunden lang. Lass dann durch den Mund alle Rückstände ausströmen, von denen du intuitiv weißt, dass du sie nicht mehr brauchst. Gönne dir nun Dankbarkeit für den Beistand, den der Geist dir leisten wird. Sei dankbar dafür, dass dir das Universum die Mittel gegeben hat, nach der Erfüllung deiner Absichten zu streben.

Sitze in Stille und gib dich ganz diesem Gefühl hin, wie auch immer es zum Ausdruck kommt. Wenn es an der Zeit ist, öffne die Augen.«

Mit dieser einleitenden Meditation bist du nun darauf vorbereitet, dich den Übungen dieses Buches zu widmen und den nächsten Schritt auf deinem Weg ins Reich des Übersinnlichen zu gehen.

Zweiter

Teil

DIE ÜBUNGEN

Wenn du deine übersinnlichen Fähigkeiten kennenlernst, lernst du auch dich selbst kennen. Du begegnest dabei deinem authentischen Selbst, denn die Gabe, übersinnliche Fähigkeiten zu nutzen, liegt einzig und allein in dir. Sie ruht in deiner Intuition, deinen Emotionen, deiner Spiritualität, deinen Sinnen und in vielem mehr. Daher wirst du in den folgenden Übungen immer wieder auf dich selbst stoßen. Jede Übung führt dich näher an dein emotionales, spirituelles oder körperliches Selbst heran, indem sie dir eine bestimmte übersinnliche Praxis zeigt. Die zahlreichen Aspekte dessen, was dich als Person ausmacht, werden dir helfen, die Geheimnisse der Kräfte zu enträtseln, die dich während dieser Übungen umgeben. Wenn du deine übersinnliche Seite förderst, kann das auch dein Selbstvertrauen und deine Selbstliebe steigern, weil du dabei erkennst, dass deine Persönlichkeit zahlreiche Facetten hat und du vielerlei Gaben besitzt.

Manche Übungen werden dich mehr ansprechen als andere. Zwar solltest du sie alle ausprobieren, um herauszufinden, mit welchen du dich besonders stark verbunden fühlst, aber du brauchst dich nicht verpflichtet zu fühlen, mit allen Aspekten des Reichs des Übersinnlichen in Kontakt zu treten. Jede Übung, der du dich widmest, wird einen Teil in dir erwecken, der möglicherweise jahrelang vor sich hin geschlummert hat oder ein dringliches Flüstern hat hören lassen, damit du ihn beachtest. Je mehr du ausprobierst, desto mehr wird dir gelingen. Regelmäßiges Üben ist dabei wichtig, denn viele dieser Fähigkeiten erfordern Zeit und Mühe, bis du sie sicher und gezielt nutzen kannst. Widme dich den Übungen mit Offenheit und Freude im Herzen. Der Weg, den du beschreiten wirst, kann dir tiefen Frieden und wertvolle Einsichten schenken. Du bist für

diese Reise gut vorbereitet, denn du besitzt bereits übersinnliche Fähigkeiten. Manches, was dir jetzt noch ganz normal erscheint, wird sich als eine ganz besondere übersinnliche Gabe
erweisen.

Übung 1
DAS DRITTE AUGE ÖFFNEN

Hast du dich schon einmal gefragt, warum Kinder mehr »sehen« als Erwachsene? Etwa ein Baby, das ohne erkennbaren Grund lacht oder lächelt, oder ein Kind, für das eine Pappschachtel zu einem Raumschiff wird? Das dritte Auge ist der Teil unseres Inneren, der in Bereiche jenseits des Materiellen blicken kann. Kinder nutzen es beim Spielen oder wenn sie ihrer Fantasie freien Lauf lassen, und oft verbindet es sich mit ihrer Einbildungskraft. Doch je älter wir werden, desto schwächer wird unser drittes Auge. Die Gesellschaft zwingt uns dazu, praktisch zu denken und zu handeln und uns an dem zu orientieren, was wir mit unseren beiden körperlichen Augen sehen.

Wenn du deine übersinnlichen Fähigkeiten voll und ganz ausschöpfen willst, muss das Öffnen des dritten Auges ein fester Bestandteil deiner Praxis sein. Diese grundlegende Technik wirst du bei jeder spirituellen Tätigkeit anwenden – bei den Übungen dieses Buches, aber auch darüber hinaus –, und du wirst überrascht sein, welchen Nutzen sie dir auch im Alltag bringt.

Mit dem dritten Auge zu sehen, ist etwas anderes, als mit der Einbildungskraft oder den Gedanken zu sehen. Diesen Unterschied erkennen zu können, gehört zur spirituellen Praxis. Das dritte Auge blickt über die Grenzen dieser Welt hinaus und ist in der Lage, die wahre Welt zu sehen: die Einheit und die Verbindung zwischen dem *Geist* und dem Bereich des Materiellen. Wenn du mit dem dritten Auge siehst, wird sich das neuartig, aber auch natürlich anfühlen. Möglicherweise leuchten die Farben intensiver, du siehst Gesichter von Menschen, die du nicht kennst, oder Welten, in denen du noch nie warst. Diese Visionen haben nichts mit deinem Wissen oder deiner Erfahrung zu tun, und sie fühlen sich an, als würdest du etwas Unbekanntes zum ersten Mal »sehen«. Nicht du selbst erschaffst sie, sondern sie zeigen sich dir, so wie wenn du in die Welt hinausgehst und dort die Dinge mit deinen Augen siehst. Mit der Zeit wirst du lernen, diesen Unterschied zu erkennen.

VORBEREITUNG

Das dritte Auge zu öffnen, ist nicht leicht. Wahrscheinlich ist es bei dir ziemlich erschöpft, weil es so viele Jahre lang geschlossen war; du musst also Geduld mit ihm haben. Versuche zunächst, im Alltag hinter das zu blicken, was die Welt dir präsentiert. Du kannst dein drittes Auge aktivieren, indem du es gezielt einsetzt. Wenn du der Schönheit der Welt, die du mit deinen körperlichen Augen siehst, achtsam begegnest und dich von ihr verzaubern lässt, hilft dir das, dein drittes Auge zu erwecken. Versuche, so oft du kannst, das dritte Auge durch Achtsamkeit für die Kleinigkeiten in deinem Umfeld zu aktivieren. Gehe dabei in deinem eigenen Tempo vor. Konzentriere dich auf die Freude, die du dabei verspürst, und die Einsichten, die du dabei gewinnst, dann wirst du so schnell voranschreiten, wie es für dich richtig ist.

Wenn du das eine Zeit lang gemacht hast, kannst du die folgende Übung ausprobieren. Sie gibt dir etwas konkretere Anhaltspunkte und hilft dir, dein drittes Auge wahrhaft zu öffnen.

Suche dir dazu einen ruhigen Ort. Führe die einleitende Meditation durch, die du im ersten Teil gelernt hast, und konzentriere dich dabei vor allem auf den Bereich zwischen den Augenbrauen – die Stelle, wo sich das dritte Auge befindet. Du kannst diese Übung im Sitzen oder im Liegen machen, aber auch vor dem Einschlafen. Du kannst dabei mit einem Finger auf dein drittes Auge klopfen oder auch nur leicht darauf drücken. Um den Radius deiner Aufmerksamkeit zu erweitern, kannst du auch einen Edelstein, der zu dir passt, auf dein drittes Auge legen (siehe auch die Übung »Ein Edelstein für die übersinnliche Arbeit«).

Das dritte Auge öffnen – Schritt für Schritt

1. Wenn du bereit bist, sende dem Raum, in dem du dich befindest, deine Dankbarkeit und bitte den *Geist*, dir eine Vision zu schicken.
2. Sobald du etwas siehst, richte deine ganze Aufmerksamkeit darauf. Vielleicht siehst du einen Strudel aus Farben oder ein Gesicht, oder rasch vorüberziehende Bilder von Ereignissen, mit denen du nichts anfangen kannst. Versuche nicht, die Vision zu steuern, sondern beobachte sie einfach nur und halte Distanz zu ihr. Dabei hilft es, wenn du dir bewusst machst, was du siehst, und auf Details achtest.
3. Wenn du merkst, dass deine Aufmerksamkeit nachlässt, komme zum Ende. Je öfter du diese Übung machst, desto länger wirst du sie durchführen können.
4. Halte fest, was du gesehen hast, entweder mit Worten oder in Zeichnungen.

Achte auf deine Sinne

Wenn du die Visionen deines dritten Auges wahrnimmst, hinterfrage immer, was du gerade siehst und empfindest. Das hilft dir zu beobachten, was du erlebst, und verhindert, dass du in die Vision hineingezogen wirst oder wegdämmerst. Wenn du merkst, dass du in Tagträume abgleitest, beende die Übung. Das Ziel ist es, einfach nur zu sehen, was dein drittes Auge dir zeigt, und nicht, selbst Visionen zu erschaffen.

Mit der Zeit wirst du Übung darin bekommen, dein drittes Auge zu nutzen, und es wird fortwährend offen sein. Dann kann es etwa passieren, dass du plötzlich siehst, wie die Aura deines Gegenübers schimmert oder ein geliebter Mensch neben ihm steht. Es gibt unzählige Arten, wie sich dein drittes Auge auf deinem Weg zur Übersinnlichkeit manifestieren kann.

NACHBEREITUNG

Führe die oben beschriebenen Schritte durch und öffne dein drittes Auge. Notiere dann deine Antworten auf die folgenden Fragen und denke dabei über deine Erfahrungen nach.

✦ Welche Vision habe ich als erste gesehen?
✦ Welche Farben und Symbole habe ich gesehen?
✦ Wie habe ich mich während der Übung gefühlt? Wie ging es mir emotional, wie körperlich?

◆ Woher weiß ich, dass das eine Vision war und nicht ein Werk meiner Einbildungskraft?

◆ Inwiefern hat sich dieses »Sehen« anders angefühlt, als wenn ich mir Dinge vorstelle?

Übung 2
ENERGIE-SCAN DER UMGEBUNG

Jeder Raum, den wir betreten, ist von ganz bestimmten energetischen Schwingungen erfüllt. Diese Schwingungen können wir wahrnehmen. Die Energie kann positiv sein, etwa bei einer Party oder einer Festlichkeit, oder negativ, wenn etwa eine gewisse Spannung in der Luft liegt, weil sich gerade zwei Leute gestritten haben. Wenn wir nicht wissen, wie wir mit solchen Energien umgehen sollen, sind wir schnell überfordert – sollen wir uns auf sie einlassen oder uns vor ihnen schützen? Wenn du zu erspüren lernst, welche Energien um dich herum herrschen, wird das deine übersinnlichen Verbindungen stärken.

Wir alle besitzen die natürliche Fähigkeit, die Stimmung in einem Raum zu erfassen – und zwar mithilfe der Intuition. Das Wichtigste bei einem Energie-Scan ist, dass du dir nicht einredest, das sei alles nur eingebildet. Du besitzt diese Fähigkeit, doch du hast gelernt, sie zu ignorieren. Die Gesellschaft behauptet, das, was wir erspüren, sei ohne konkrete, materielle Beweise nicht glaubwürdig. Zwar sollten wir handfeste Belege nicht außer Acht lassen, aber wenn du deine Intuition stärkst, erschaffst du damit eine innere Logik, die von ebenso großem Wert sein kann wie jeder »konkrete Beweis« in der materiellen Welt. Jeder Raum hat seine ganz eigene Energie. Wenn du dir die Zeit nimmst, sie zu registrieren, wirst du erkennen, wie sie beschaffen ist und wie du sie nutzen kannst.

VORBEREITUNG

Suche dir einen Raum, am besten einen, der öffentlich zugänglich ist, etwa eine Bibliothek oder ein Café. Idealerweise kannst du dort in aller Ruhe sitzen und die Menschen um dich herum beobachten. Im Prinzip kannst du diese Übung überall durchführen, aber in Geschäften mit hohen Regalen und langen Gängen fließt die Energie meist nicht so beständig. Am besten platzierst du dich an einer Stelle des Raumes, die sich für dich intuitiv neutral anfühlt (und wo du niemandem im Weg bist).

Setz dich und nimm dein Notizbuch und einen Stift zur Hand. Führe die einleitende Meditation durch, um dich in einen ruhigen, meditativen Zustand zu versetzen, leere deinen Geist und beruhige deinen inneren Energiefluss.

Der Energie-Scan – Schritt für Schritt

1. Nimm den Raum in den Blick. Lass deiner Aufmerksamkeit freien Lauf und beobachte, wohin sie sich als Erstes wendet.
2. Notiere die Gefühle, die sich spontan bei dir einstellen, ohne sie zu hinterfragen. Vielleicht interessiert dich eine bestimmte Ecke des Raumes ganz besonders, oder eine bestimmte Person.
3. Wenn jemand deine Neugier geweckt hat, betrachte die Person ruhig genauer. Das ist kein Zufall! Jetzt kannst du dich fragen, warum dich diese Energie anzieht und wie sie sich anfühlt. Dabei können die unterschiedlichsten Emotionen auftreten: Nervosität, Neugier, Angst oder Aufregung. Wenn du tiefer in dich hineinspürst, wirst du verstehen, was sie

bedeuten. Hierbei ist entscheidend, dass du eine empathische Verbindung mit dir selbst hast, denn oft empfinden wir nicht die eigenen Gefühle, sondern diejenigen anderer Menschen. Gefühle sind ein Medium für den *Geist*. Empfindungen wie Neugier, Abneigung, Stress, Unsicherheit oder Interesse entstehen, weil du Schwingungen aufnimmst, nicht nur von anderen Menschen, sondern auch von dem Raum, in dem du dich befindest. Es ist ganz normal, dass du den Impuls verspürst, auf jemanden zuzugehen, den du in der Nähe entdeckt hast. Je geübter du im Scannen deiner Umgebung wirst, desto häufiger wirst du bemerken, dass du energetische Botschaften von anderen Menschen empfängst. Möglicherweise kommt auch jemand auf dich zu, weil er oder sie neugierig auf dich ist. Wenn du in einem öffentlichen Raum eine offene Haltung an den Tag legst, werden Menschen, die ihre Intuition pflegen, auf dich zukommen und dich ansprechen, auch wenn sie nicht genau sagen könnten, warum sie das tun! (Manche Menschen pflegen – ohne nachzudenken – fortlaufend diese Art von energetischem Austausch mit ihrer Umgebung. Sprechen dich im Supermarkt oder an anderen öffentlichen Orten oft Fremde an? Dann hast du vermutlich schon dein ganzes Leben lang mit Fremden energetische Botschaften ausgetauscht, ohne dir dessen bewusst zu sein.)

4. Notiere so viel wie möglich über den Raum, in dem du dich befindest. Wenn du gerne zeichnest, kannst du auch Skizzen machen, die anzeigen, wo sich die Energie staut und wo sie frei fließt. Du kannst deine Skizze auch aufteilen, um deutlich zu machen, wo die Energie stagniert und wo sie sich anpasst, wo positive Energie herrscht und wo negative.

Achte auf dein Ego

Es ist ein Unterschied, ob du andere Menschen beurteilst oder ihre Schwingungen spürst. Wenn du dich fragst, ob dir die Kleidung einer Person oder die Einrichtung des Raumes gefällt, ist das kein Energie-Scan, wie er hier vorgestellt wird. Bei dieser Übung geht es nicht darum, andere Menschen zu beobachten, sondern darum, die Energie zu erfassen. Wenn du deine geistige Haltung genau im Blick behältst und sie immer wieder justierst, wirst du damit diese übersinnliche Fähigkeit stärken.

NACHBEREITUNG

Folge den oben beschriebenen Schritten und führe einen Energie-Scan deiner Umgebung durch. Notiere dann deine Antworten auf die folgenden Fragen und denke dabei über deine Erfahrungen nach.

✦ Wie hat es sich angefühlt, dass mich ein Teil des Raumes mehr angezogen hat als ein anderer?

✦ Hatte ich eher negative oder eher positive Gefühle?

✦ Was hat mich neugierig gemacht? Wie hat sich das angefühlt?

✦ Wie hat mir mein Ego dazwischengefunkt? Wie hat sich das angefühlt, im Gegensatz zum Aufnehmen der Energie?

✦ Auf welche Symbole, Bilder, Buchstaben und Namen habe ich intuitiv reagiert?

✦ Wie habe ich mich vor der Übung gefühlt? Und wie danach?

Übung 3
DIE GEFÜHLE ANDERER MENSCHEN SPÜREN

Deine übersinnlichen Gaben manifestieren und festigen sich vor allem durch den Umgang mit deinen eigenen Emotionen. Alles um dich herum ist Energie, und deine Emotionen zeigen dir an, ob das Energielevel hoch oder niedrig ist, sowie weitere feine Unterschiede. Wahrscheinlich hast du im Leben schon oft Gefühle empfunden, die nicht deine eigenen waren, hast sie aber abgeschüttelt oder von vornherein ignoriert. Wenn du dir angewöhnst, dieses Phänomen anzuerkennen und es genauer zu betrachten, wirst du darin einen unfassbaren Reichtum an übersinnlichen Botschaften finden.

Wie im ersten Teil erwähnt, gibt es die Gabe des »Hellfühlens«, also die Fähigkeit, etwa Gefühle oder Traumata anderer Menschen zu empfinden. Wenn du ein Resonanzkörper für Emotionen bist, erkennst du nicht nur, dass das, was du empfindest, nicht immer deine eigenen Gefühle sind, sondern du wirst dir deiner selbst auch so sehr bewusst, dass du erkennst, wann und warum dich die Emotionen anderer erreichen. Solche Emotionen kannst du erleben, wenn du dich mit einer lebenden Person verbindest oder mit einer, die bereits verstorben ist. Auch an bestimmten Orten und bei bestimmten Ereignissen kannst du emotionale Energie erspüren.

Eine grundlegende Fähigkeit, die du erlernen wirst, besteht darin, die Gefühle anderer Menschen von deinen eigenen zu unterscheiden. Dann wirst du auch in der Lage sein zu entscheiden, wie du auf diese Botschaften reagierst. Sehr wahrscheinlich hast du schon öfter Energien verspürt, die nicht deine eigenen waren; also brauchst du in dieser Hinsicht nicht mehr viel zu lernen. Vielmehr wird es darum gehen, die Energiequellen bewusst zu erspüren und voneinander zu trennen.

VORBEREITUNG

Einer der wichtigsten Schritte, um ein Resonanzkörper für Emotionen zu werden, besteht darin, die eigenen Emotionen auf Botschaften hin zu untersuchen. (Das ist auch Bestandteil vieler anderer Übungen dieses Buches.) Dazu gehört eine Überprüfung des eigenen emotionalen Zustandes und der fünf Körpersinne sowie die Frage, wie du körperlich und emotional reagierst, wenn du Stress oder ein Hochgefühl verspürst. Ziel ist es, deinen emotionalen und körperlichen Grundzustand zu beschreiben, bevor du in Kontakt mit der Energie anderer Menschen trittst.

Um dir anzugewöhnen, deine Emotionen regelmäßig zu überprüfen, kannst du ein »Drei-Wörter-Tagebuch« führen – in deinem Kalender oder einem Notizbuch, in einer Notiz-App auf deinem Smartphone oder in anderer Form. Dort hältst du deinen Gefühlszustand fest, drei Mal am Tag und jeweils mit drei Wörtern. Damit dir das zur Routine wird, kannst du es mit den Mahlzeiten oder mit anderen Aktivitäten verbinden, die ihren festen Platz in deinem Tagesablauf haben.

Wenn du entschieden hast, zu welchen Zeitpunkten und auf welche Weise du deine Gefühle festhalten willst (und eine Methode gefunden hast, damit du es nicht vergisst), nimm dir einen Moment Zeit, um dich in einen ruhigen und meditativen

Zustand zu versetzen. Führe dazu die einleitende Meditation aus dem ersten Teil durch oder deine Lieblingsmeditation.

Ein Resonanzkörper für Emotionen werden – Schritt für Schritt

1. Frage dich zu den Zeiten, die du festgelegt hast: »Wie fühle ich mich?«, und notiere drei Wörter, die deine aktuelle Gefühlslage beschreiben. Du brauchst keine ganzen Sätze zu schreiben oder weiter auszuholen. Anfangs sind die Einträge möglicherweise sehr einfach und beschreiben grundlegende Gefühle. Dann genügen Wörter wie »hungrig«, »müde« oder »ängstlich«. Später werden die Wörter und Gefühle differenzierter, wie etwa »verletzlich«, »introvertiert« oder »zuversichtlich«. Wenn es dir schwerfällt, überhaupt etwas zu empfinden, ist das ein wertvoller Hinweis darauf, wie wenig du im weiteren Fortgang des Tages mit dir selbst verbunden sein wirst. Dann heißt es Geduld haben! Es ist ganz normal, wenn dir diese Übung anfangs schwerfällt. Mit der Zeit wird sie dir nicht nur leicht von der Hand gehen, sondern auch therapeutische Wirkung entfalten.

2. Wenn du die drei Wörter notiert hast und dich wieder deinem Alltag widmest, versuche herauszufinden, warum du dich so fühlst. Wenn du zum Beispiel »ängstlich« notiert hast, frage dich, was diese Angst ausgelöst hat. Vielleicht die E-Mail einer Kollegin? Oder ein unangenehmes Gespräch mit einer Verkäuferin? Es geht darum zu erkennen, woher dieses Gefühl stammt und ob es wirklich dein eigenes Gefühl ist oder nur die Folge einer Begegnung mit jemandem. Mögliche Ursachen

kannst du neben deinen Gefühlen in deinem Drei-Wörter-Tagebuch notieren. Wenn du erkennst, wodurch deine Gefühle ausgelöst werden, kannst du zahllose Muster aufbrechen, nicht nur an dem jeweiligen Tag, sondern auch in der Zukunft.

Mit der Zeit werden deine Einträge mehr in die Tiefe gehen und präziser werden. Du wirst immer exakter beschreiben können, was du empfindest und ob du ein Gefühl von jemand anderem übernommen hast oder es wirklich dein eigenes ist. Du wirst intuitiv spüren, wenn eine Energie in Form einer Emotion in dir wirkt, die nicht deine eigene ist. Diese feinen Unterschiede wirst du auf Anhieb erkennen.

NACHBEREITUNG

Mache die oben beschriebene Übung mindestens drei Tage lang; so lange dauert es mindestens, bis du ein Resonanzkörper für Emotionen wirst. Notiere dann deine Antworten auf die folgenden Fragen und denke dabei über deine Erfahrungen nach.

✦ Welche drei Wörter würdest du jetzt, in diesem Moment, notieren?
✦ Fällt es dir schwer, die Frage »Wie fühle ich mich?« zu beantworten? Warum, oder warum nicht?
✦ Greife eines der Gefühle heraus und denke darüber nach. Wodurch wurde es ausgelöst?
✦ Wie haben sich deine Einträge im Lauf der Zeit verändert?
✦ Wie hat sich diese Übung im Lauf der Zeit für dich entwickelt?

Übung 4
DIE SCHUTZHÜLLE

Wir alle sind pausenlos von den unterschiedlichsten Energien umgeben, die von Menschen, Orten oder Ereignissen ausgehen. Sie wollen mit uns in Kontakt treten, und zu diesem Zweck heften sie sich oft an unsere Emotionen, unseren materiellen Körper und manchmal auch an unsere Gedanken. Viele Menschen werden von diesen Energien erfasst, weil sie kein Gespür für sie haben oder nicht wissen, wie sie sich vor ihnen schützen können. Dann fühlen sie sich überrollt, haben Angst, sind traurig oder werden gefühllos und verlieren den Kontakt zur Welt. Eine der grundlegenden Fähigkeiten der übersinnlichen Praxis besteht darin, sich der eigenen Energie bewusst zu sein, mit der man auf die Energien reagiert, die versuchen, in einen einzudringen. Mithilfe einer Schutzhülle ist es möglich, die eigene Energie zu kontrollieren und zu entscheiden, welchen von den äußeren Energien man sich öffnet. Man bleibt in Kontakt mit den Energien der Umgebung, bewahrt sich aber die spirituelle Eigenständigkeit.

Sich der Energie des *Geistes* zu öffnen, ist ein großer Gewinn, stellt aber auch eine Herausforderung dar. Du wirst feststellen, dass du dadurch intuitiv empfänglicher für die Gefühle anderer Menschen wirst, für grundlegende Konflikte, die den Betroffenen selbst vielleicht gar nicht bewusst sind, und für Botschaften von Wesen im Jenseits. Du wirst spüren, welche Absichten andere Menschen in Bezug auf dich und die Welt haben. Du wirst unverhofft Botschaften empfangen und Visionen haben, die dir rätselhaft bleiben. Sie sind ein Nebenprodukt der

Verbundenheit mit dem *Geist*, und auch wenn sie dich manchmal sprachlos machen, sind sie doch ein wertvolles Geschenk.

VORBEREITUNG

Wenn du einmal gelernt hast, dir eine Schutzhülle zu erschaffen, wird es dir bei jedem folgenden Mal leichter fallen. Hast du einmal verstanden, wie es geht, und es ein paarmal ausprobiert, wirst du in jeder Situation und an jedem Ort in Sekundenschnelle eine solche Schutzhülle aufspannen können. Die irrlichternden Energien von Menschen und Situationen werden weiterhin versuchen, dich zu erreichen, aber deine Hülle wird sie im Handumdrehen davon abhalten. Der erste Schritt besteht darin, dass du dir klarmachst, wozu eine solche Hülle dient. Sie sorgt dafür, dass die Botschaften des *Geistes* höflich und respektvoll bleiben. Diese wunderbare Methode wird dir dabei helfen, ganz bei dir selbst zu bleiben und bei jeder übersinnlichen Übung die Kontrolle zu behalten.

Um dir eine solche Schutzhülle zu erschaffen, suche dir zunächst einen ruhigen Raum, in dem du allein bist. Sorge dafür, dass du nicht gestört wirst, und mache es dir dort so bequem wie möglich, damit du während der gesamten Übung ruhig und empfänglich bleibst.

Eine Schutzhülle erschaffen – Schritt für Schritt

1. Lege oder setze dich hin, schließe die Augen und atme ein paarmal tief ein und aus.

2. Stell dir vor, wie ein Lichtstrahl auf die oberste Stelle deines Kopfes trifft. Dieses Licht kommt vom Göttlichen, der unerschöpflichen Quelle von Licht und Liebe. Lass es durch dein Kronenchakra in deinen Kopf eindringen.

3. Stell dir ganz bewusst vor, wie das Licht langsam durch alle Regionen deines Körpers strömt, von den Ohren bis in die Zehenspitzen. Jeder Zentimeter deines Körpers ist erfüllt von diesem Licht.

4. Atme ein paarmal tief durch, während du spürst, wie das Licht dich erfüllt und heilt, wie es auf alle Teile von dir scheint, die sich ungesehen und ungehört anfühlen. Vielleicht fühlst du dich geliebt oder beruhigt, von Frieden erfüllt oder auch emotional aufgewühlt. Wenn du einschläfst, fang einfach noch einmal von vorne an. Wenn du müde wirst, ist das ein gutes Zeichen – es zeigt, dass dich die Übung beruhigt.

5. Jetzt stell dir vor, wie das Licht, von dir ausgehend, etwa zwanzig Zentimeter in alle Richtungen abstrahlt. Stell dir vor, wie sich um dich herum eine Hülle aus Licht bildet, hinter dir, vor dir, über dir und unter dir.

6. Imaginiere dich selbst, wie du in einer Hülle aus herrlichem, leuchtendem Licht schwebst. Hat diese Hülle eine Farbe? Das ist deine Aura! (Deine Aura ist so etwas wie dein energetischer Fingerabdruck, der Teil deiner Energie, der wesentlich zu dir und zu sonst niemandem gehört.) Diese Lichthülle hat eine helle Außenhaut, durch die du mit deinem dritten Auge »hindurchsehen« kannst. Obwohl sie durchsichtig ist, bildet sie eine unüberwindbare Grenze und hält alle Energien ab, von denen du nicht willst, dass sie zu dir durchdringen. Du brauchst nicht zu verstehen, wie das funktioniert. Dein

Höheres Selbst und die göttliche Intuition sorgen stets für die richtige Balance.

7. Wenn du spürst, dass es Zeit ist, die Übung zu beenden, atme ein paarmal tief durch, öffne die Augen und kehre, in einem Zustand des inneren Friedens, wieder ins Hier und Jetzt zurück.

8. Bleib noch eine Weile sitzen oder liegen und beglückwünsche dich zu der Übung. Das Licht ist immer um dich. Auch wenn du es nicht mit deinem dritten Auge wahrnimmst, kannst du gewiss sein, dass es dich fortwährend umgibt. Es ist deine Schutzhülle, auf die du jederzeit zurückgreifen kannst, um dich zu schützen und störende Einflüsse von außen abzuwehren.

NACHBEREITUNG

Führe die oben beschriebenen Schritte durch und erschaffe dir eine Schutzhülle. Notiere dann deine Antworten auf die folgenden Fragen und denke dabei über deine Erfahrungen nach.

✦ Wie habe ich mich in der Hülle aus Licht gefühlt?
✦ Ist es mir schwer oder leicht gefallen, sie zu erschaffen?
✦ Habe ich unerwartete Bilder gesehen? Wenn ja, welche?
✦ Welche Farben habe ich gesehen?
✦ Wie habe ich mich nach der Übung gefühlt?

Übung 5
DIE CHAKREN AUSGLEICHEN

Wir alle geraten hin und wieder aus dem inneren Gleichgewicht, spüren keine Verbindung mehr zu uns selbst oder spüren überhaupt nichts mehr. Das wirkt sich auf unseren energetischen Zustand aus. Der menschliche Körper besitzt sieben Energiezentren, die sogenannten Chakren. Das Wort »Chakra« stammt aus dem Sanskrit und bedeutet »Rad«.

Man kann sich die Chakren als rotierende, energiegeladene Scheiben vorstellen, die über den ganzen Körper verteilt sind und das emotionale, spirituelle und körperliche Wohlbefinden aufrechterhalten (vorausgesetzt, die Energie kann ungehindert fließen).

Wenn ein Chakra blockiert ist und sich nicht frei bewegen kann, werden die mit ihm verbundenen Eigenschaften geschwächt. Ist es im Übermaß aktiv, gewinnen diese Eigenschaften an Stärke; das kann so weit gehen, dass sie alle anderen überlagern. Wenn wir dafür sorgen, dass die Energie in jedem Chakra frei und ausgewogen fließt, entsteht dadurch eine heilsame Verbindung zwischen dem Selbst und dem *Geist*. Diese Verbindung kann uns neue Kraft verleihen, wenn wir erschöpft sind, und sie gibt uns Hinweise darauf, wo der Energiefluss gestört ist. Dann können wir uns Zeit nehmen, um uns selbst zu pflegen und zu heilen.

Auf den folgenden Seiten findest du für jedes Chakra die Bezeichnung, seine Lage, die ihm zugeordnete Farbe sowie seine Bedeutung.

1. Wurzelchakra

Lage: Steißbein. Farbe: Rot. Bedeutung: Erdverbundenheit, Stabilität, Identität.

Wenn dieses Chakra blockiert ist, fehlt dir der Halt und du hast das Gefühl, dass deine Sicherheit und dein Wohlergehen in Gefahr sind. Ist das Wurzelchakra überaktiv, kann das zu aggressivem und hyperaktivem Verhalten führen. Ist es dagegen ausgeglichen, fühlst du dich sicher, bist im Einklang mit dir selbst und spürst die ganze Kraft deiner Person sowie emotionalen Frieden.

2. Sakralchakra

Lage: unterhalb des Bauchnabels. Farbe: Orange. Bedeutung: Kreativität, Freude, Sexualität.

Wenn dieses Chakra blockiert ist, fühlst du dich möglicherweise wertlos und hast ein schwaches Selbstwertgefühl. Ist das Sakralchakra überaktiv, kann das zu arrogantem und kontrollsüchtigem Verhalten führen. Ist es dagegen ausgeglichen, bist du in der Lage, Sinnesfreuden zu genießen, was dich mit dir selbst und anderen verbindet und auch für ein gesundes Selbstwertgefühl sorgt.

3. Solarplexuschakra

Lage: Oberbauch. Farbe: Gelb. Bedeutung: Selbstvertrauen und Selbstwertgefühl.

Wenn dieses Chakra blockiert ist, mangelt es dir an Vertrauen in dich selbst und es fällt dir schwer, neue Projekte anzugehen und Gelegenheiten zu ergreifen. Ist das Solarplexuschakra überaktiv, kann das zu übermäßig kritischem und urteilendem Verhalten führen. Ist es dagegen ausgeglichen, hast du einen starken Glauben an dich selbst und bist motiviert, Neues auszuprobieren.

4. Herzchakra

Lage: Brustmitte. Farbe: Grün. Bedeutung: Liebe.

Wenn dieses Chakra blockiert ist, stellst du dich selbst immer hintan und bekommst nie die Liebe, die du brauchst. Ist das Herzchakra überaktiv, kann das zu Anfällen von Eifersucht und Wutausbrüchen führen. Ist es dagegen ausgeglichen, kannst du die Liebe, die dir geschenkt wird, annehmen und deinen eigenen Wert sowie den jedes anderen Menschen erkennen.

5. Halschakra

Lage: Hals. Farbe: Blau. Bedeutung: Kommunikation.

Wenn dieses Chakra blockiert ist, hast du Schwierigkeiten, dich selbst auszudrücken und für deine Interessen einzutreten. Ist das Halschakra überaktiv, kann das zu einem schwachen Selbstbewusstsein führen sowie dazu, dass du Gespräche an dich reißt und andere laufend unterbrichst. Ist es dagegen ausgeglichen, drückst du dich auf maßvolle Weise aus und zeigst Selbstbewusstsein, Mitgefühl und angemessenes Durchsetzungsvermögen.

6. Stirnchakra (drittes Auge)

Lage: zwischen den Augenbrauen, über der Nasenwurzel. Farbe: Indigo. Bedeutung: Intuition, Visualisierung, Einsicht.

Wenn dieses Chakra blockiert ist, lässt du dich leicht von anderen Menschen oder trügerischen Gelegenheiten irreführen und steuerst dabei auf Selbstzerstörung zu. Ist das Stirnchakra überaktiv, kann das zu ständiger Ungeduld führen sowie dazu, dass du bei Entscheidungen die Kontrolle verlierst. Ist es dagegen ausgeglichen, bist du in starker und verlässlicher Weise mit deiner angeborenen Intuition verbunden und kannst in den Bereich jenseits des Materiellen blicken (siehe auch Übung 1: »Das dritte Auge öffnen«).

7. Kronenchakra

Lage: Schädeldecke. Farbe: Violett oder Weiß. Bedeutung: Verbundenheit.

Wenn dieses Chakra blockiert ist, ist dein ganzes Denken und Handeln von Stillstand geprägt, von Dickköpfigkeit und Skepsis. Ist es dagegen ausgeglichen, bist du auf ungetrübte Weise mit deinen spirituellen Gaben und dem übergeordneten Zweck deines Lebens verbunden. Dieses Chakra wird genutzt, um alle anderen Chakren offen zu halten. Wenn es ausgeglichen ist, führt das zu Erleuchtung und Frieden.

VORBEREITUNG

Wenn du verstanden hast, wie die sieben Chakren wirken, kannst du dich daran machen, sie in Balance zu bringen! Suche dir für die folgende Meditation zum Ausgleich der Chakren einen ruhigen Ort und bringe dich mit einer Methode deiner Wahl in einen meditativen Zustand.

Die Chakren ausgleichen – Schritt für Schritt

1. Schließe die Augen. Atme tief durch die Nase ein und durch den Mund wieder aus, bis du dich bei dir selbst wohl und sicher fühlst.

2. Richte die Aufmerksamkeit auf das Wurzelchakra am Steißbein. Stell dir vor, wie sich ein roter Schimmer aus dieser

Stelle heraus verbreitet und sie umgibt. Vergegenwärtige dir, wie dieses Chakra wirkt, und führe dir vor Augen, dass deine unendliche Weisheit ihm das gibt, was es braucht, um in Balance zu kommen und sich zu stabilisieren. Sieh zu, wie der Schimmer immer heller wird.

3. Führe die Aufmerksamkeit hinauf zum Sakralchakra unter dem Bauchnabel. Wiederhole Schritt 2.

4. Führe Schritt 2 mit allen anderen Chakren durch, und zwar in dieser Reihenfolge: Solarplexuschakra, Herzchakra, Halschakra, Stirnchakra, Kronenchakra.

NACHBEREITUNG

Führe die oben beschriebenen Schritte durch und bringe deine Chakren in Balance. Notiere dann deine Antworten auf die folgenden Fragen und denke dabei über deine Erfahrungen nach.

+ Ist es mir schwergefallen, meine Chakren zu visualisieren und mich mit ihnen zu verbinden? Warum, oder warum nicht?

+ Hatte ich bei dieser Übung das Gefühl, dass meine Energie an bestimmten Stellen blockiert ist? Wo war das?

+ Warum hat sich dieses Chakra blockiert angefühlt?

+ Wie hat es sich angefühlt, als sich die Blockade gelöst hat?

+ Welche Empfindungen haben mich bei dieser Übung begleitet?

+ Wie geht es mir jetzt, nachdem ich meine Chakren ausgeglichen habe?

Übung 6
VERBUNDENHEIT MIT DER ERDE

Wahrscheinlich weißt du aus Erfahrung, dass es die Stimmung hebt, wenn du dich in der Natur aufhältst. Die Schwingungen der Natur sind von perfekter Harmonie und durchdringen alles, jeden Baum, jede Pflanze, jedes Tier, und das zu jeder Jahreszeit. Wenn du dich gezielt mit diesen Schwingungen in Einklang bringst und so die Kraft erkennst, die dir innewohnt, gesunden deine emotionale und deine spirituelle Person sowie dein Körper, und sie werden empfänglicher für übersinnliche Botschaften.

Sich zu erden, also sich achtsam mit der Natur zu verbinden, ist eine einfache Methode, um sich mit der Natur in Einklang zu bringen, und man kann sie jederzeit und zu jeder Jahreszeit anwenden.

VORBEREITUNG

Sich wirklich zu erden, erfordert viel Übung. Daher solltest du dir als Erstes eine Art morgendliche Basis-Routine angewöhnen. Bereite sie jeweils schon am Abend vor – so kann sie ihre Wirkung voll entfalten. Lege dein Handy nicht neben das Bett, sodass du nicht versucht bist, nach dem Aufwachen danach zu greifen, gehe zeitig schlafen, damit du ausreichend Schlaf bekommst und morgens ausgeruht bist, und nimm vor dem Einschlafen keine elektronischen Geräte zur Hand.

Schenke dir morgens ein großes Glas Wasser ein und trinke es draußen im Licht der Sonne. Wenn es dafür zu kalt ist oder schlechtes Wetter herrscht, setze dich an ein Fenster, das ausreichend Licht bekommt. Nimm dir Zeit (am besten fünfzehn Minuten), um das Wasser zu trinken und ganz im Moment zu sein. Widme dich mit achtsamer Aufmerksamkeit der Natur, die dich umgibt (oder der Natur vor deinem Fenster). Diese Minuten sind eine wunderbare Gelegenheit für eine Meditation, um deine Chakren auszugleichen oder für jede andere spirituelle Übung, die dir guttut.

Gewöhne dir darüber hinaus an, vor die Tür zu gehen, und zwar bei jedem Wetter. Ob es regnet oder schneit, ob der Wind pfeift oder alles von Nebel verhangen ist – jeder Tag besitzt seine eigene, einzigartige Schönheit. Es ist wichtig, dass du lernst, die Natur genau so anzunehmen, wie sie sich dir präsentiert. Die Natur lehrt uns, uns anzupassen und uns zu entwickeln. Sie führt uns vor, dass Veränderung etwas Wunderbares ist und nichts, wovor wir uns fürchten müssen. Beobachte, wie du im Lauf der Zeit immer empfänglicher wirst und die Schönheit der Natur unabhängig vom Wetter zu schätzen lernst. Denke darüber nach, wie diese Fähigkeit dazu führt, dass du die Schönheit in allen Aspekten des Lebens siehst, auch auf den weniger »sonnigen« Seiten.

Sich erden – Schritt für Schritt

Wenn du deine kleine Morgenroutine etabliert hast, bei der du dich achtsam der Natur zuwendest, kannst du dich noch intensiver mit der Erde verbinden.

- **Barfußgehen.** Ziehe die Schuhe aus und gehe einen Weg entlang oder über eine offene Fläche. Erspüre bei jedem Schritt, wie sich der Boden unter deinen Füßen anfühlt. Nimm dir Zeit, um die Welt um dich herum zu erkunden. Öffne deinen Blick für die Schönheit, die überall verborgen ist. Berühre unterwegs immer wieder Bäume oder Blumen. Wenn du eine Pause brauchst, setze dich auf den Boden.

- **Im Freien meditieren.** Nimm deine Yogamatte oder einen bequemen Gartenstuhl mit hinaus und führe deine tägliche Meditation im Freien durch. Suche dir einen Platz in der Morgensonne oder im angenehm kühlen Schatten und erfreue dich an dem, was du während deiner Achtsamkeitsmeditation riechst, hörst und siehst. Überlege, woher diese Sinneseindrücke stammen könnten. Genieße die Schönheit der Natur und lasse dich ganz vom Staunen erfüllen. Zähle während der Meditation in Gedanken auf, wofür du in deinem Leben dankbar bist.

- **Schöpferische Tätigkeit in der Natur.** Erlebst du bestimmte Dinge in der Natur als inspirierend? Nimm dein Notizbuch mit und schreibe Gedichte oder notiere erbauliche Gedanken über die Welt, die du betrachtest. Vielleicht hast du auch Lust zu zeichnen oder nach verborgenen Kostbarkeiten Ausschau zu halten, die du fotografieren kannst. Mit dem Auge eines Künstlers sieht man unendlich viel.

- **Die Natur erforschen.** Konntest du dich schon immer für Forschung begeistern und wolltest alles über die Welt erfahren? Auch auf diese Weise kannst du dich mit der Erde verbinden. Du kannst etwa einen Garten anlegen oder Vögel beobachten, jeden Tag über die Wetterdaten Buch führen oder notieren, welche Tiere und Pflanzen sich vor deinem Haus ansiedeln. Wenn du eine bestimmte Neugier verspürst, dann folge ihr und lass dich überraschen, wohin sie dich führt.

Halte in deinem Notizbuch die Gedanken fest, die sich bei dir einstellen, wenn du dich durch diese Übungen mit der Erde verbindest. Wahrscheinlich empfängst du dabei auch ganz bestimmte spirituelle Botschaften: Wahrheiten, die du intensiv spürst und die dein Leben verändern, und die dich unvermittelt und wie aus dem Nichts erreichen, dir jedoch vom *Geist* gesandt werden.

NACHBEREITUNG

Führe die oben beschriebenen Übungen durch und verbinde dich mit der Erde. Notiere dann deine Antworten auf die folgenden Fragen und denke dabei über deine Erfahrungen nach.

✦ Was fällt mir schwer und was lenkt mich ab, wenn ich mich mit der Erde verbinde?

✦ Was hilft mir dabei, mich nachhaltig mit der Erde zu verbinden?

✦ Welche der Methoden bereichern mich am meisten? Warum?

✦ Wie fühle ich mich nach der morgendlichen Routine, durch die ich mich mit der Erde verbinde?

✦ Welche Erkenntnisse habe ich gewonnen, indem ich mich mit der Erde verbunden habe?

Übung 7
TRÄUME INTERPRETIEREN

Träume gewähren uns oft wertvolle Einsichten. Während der Schlafphase ruht das Ego und wir empfangen Botschaften aus den hintersten Winkeln unseres Unbewussten, die uns wichtige Einblicke in unser Innenleben schenken. Träume sind Zugänge zu all den Dingen, an denen wir festhalten. Je mehr wir darauf achten, wovon wir träumen, desto stärker wird die Verbindung zwischen uns selbst, dem *Geist* und unserem Höheren Selbst.

VORBEREITUNG

Anfangs fällt es dir möglicherweise schwer, dich an deine Träume zu erinnern. Sobald du aufwachst, will dein Ego alle Erinnerungen an den Schlaf beiseitefegen und deine Aufmerksamkeit ganz auf die greifbare Welt richten. Dem kannst du entgegenwirken, indem du unmittelbar nach dem Aufwachen deine Träume aufschreibst. Lege dir am besten dein Notizbuch und einen Stift direkt neben das Bett. Wenn du auf einer bestimmten Seite anfangen willst, schlage das Notizbuch dort auf, bevor du schlafen gehst, sodass du nach dem Aufwachen keine wertvollen Sekunden mit der Suche nach der richtigen Stelle verlierst. Der Trick ist hier, den Übergang vom Traum zum Aufschreiben so mühelos wie möglich zu gestalten. Mit jedem Moment, den du wach bist, wird deine Verbindung zum Zustand des Träumens schwächer – und damit zu den wichtigen Informationen, die der Traum beinhaltet. Doch indem du dir proaktiv Hilfsmittel bereitlegst, wird aus diesem Bruch ein nahtloser Übergang.

Darüber hinaus ist es hilfreich, wenn du ein bisschen etwas über die unterschiedlichen Arten von Träumen weißt. Es gibt drei Grundformen: Träume aus dem Unbewussten, Erscheinungen von geliebten Menschen aus dem Jenseits und Erscheinungen von Geistführern.

Träume aus dem Unbewussten helfen uns zu verstehen, an welcher Stelle unserer Seele Blockaden bestehen. Solche Träume empfinden wir in der Regel als furchterregend oder als lächerlich. Oft verwenden sie eine ausgeprägte Symbolik. Häufige Motive sind etwa Nacktsein in der Öffentlichkeit oder Panik, weil einem sämtliche Zähne ausfallen. Darin kommt ein tiefsitzendes Gefühl der Unsicherheit zum Ausdruck oder auch der Stress, den wir bei Umwälzungen im Leben empfinden. Diese Träume erinnern uns an all die Dinge, die wir verdrängen, obwohl wir uns mit ihnen beschäftigen sollten.

Während wir schlafen, können auch geliebte Menschen, die bereits verstorben sind, leicht mit uns Kontakt aufnehmen. Solche Träume sind oft von starken Emotionen begleitet und bleiben noch lange nach dem Aufwachen in unserem Bewusstsein, denn oft fühlt es sich an, als hätte sich das, was wir geträumt haben, wirklich ereignet. Wir sehen dabei die geliebten Menschen vor uns, und sie sprechen zu uns oder senden uns nonverbale Botschaften. Manchmal wissen wir einfach auch intuitiv, was sie uns sagen wollen. Solche Träume sind meist zwar sehr emotionale, aber angenehme Erfahrungen und ein Geschenk des *Geistes* an uns.

Je mehr du mit deinen übersinnlichen Gaben arbeitest, desto häufiger wirst du von deinen Geistführern träumen. Sie helfen dir, deine angeborene Fähigkeit zu vervollkommnen, dich auf andere Daseinsebenen einzuschwingen. Wenn du schläfst, sind deine Geistführer bisweilen besonders aktiv. Sie sprechen zu dir, erscheinen dir und senden dir Botschaften, die für dein spirituelles Wachstum von großer Bedeutung sind.

Neben diesen drei Grundformen gibt es zahlreiche Traummotive, die häufig auftreten und jeweils eine bestimmte Bedeutung haben. Ausführliche Listen mit Motiven und den jeweiligen Bedeutungen findest du im Internet und in Büchern zur Traumdeutung.

Träume interpretieren

1. Bevor du ins Bett gehst, nimm dir vor zu träumen. Teile deinem Höheren Selbst mit, dass du in der Nacht offen für Traumbotschaften bist und dir wünschst, dich nach dem Aufwachen an möglichst viel zu erinnern. Probiere verschiedene Methoden aus, um deine Träume festzuhalten. Sie aufzuschreiben, hat viele Vorteile; dann kannst du zurückblättern, die Träume nachlesen und dabei Muster, wiederkehrende Themen und Botschaften entdecken. Wenn dir Sprechen leichter fällt als Aufschreiben, kannst du auch ein Aufnahmegerät bzw. eine App verwenden. Dann kannst du den Traum zu einem späteren Zeitpunkt in dein Notizbuch übertragen und in Ruhe darüber nachdenken.

2. Leg dich schlafen, so, wie du es jeden Abend tust. Sobald du aufwachst, fang an zu schreiben. Die Form ist dabei unerheblich; es kommt darauf an, dass du Details festhältst. Du kannst Listen mit Gefühlen erstellen, mit Symbolen oder

Orten. Kümmere dich nicht um die Grammatik, sondern wirf so viel wie möglich aufs Papier. Schreib zügig alles auf, woran du dich erinnern kannst.

3. Wenn du später gänzlich wach bist, lies dir deine Aufzeichnungen noch einmal durch und überlege, was deine Träume bedeuten könnten. Dazu kannst du die oben angeführten Informationen über Grundformen und häufig vorkommende Symbole nutzen, aber auch im Internet oder einem Lexikon der Traumdeutung nach Interpretationshilfen und Informationen über die Bedeutung bestimmter Elemente suchen.

Bedenke dabei immer, dass sich deine Träume um *dich* drehen. Es gibt zahlreiche Hilfsmittel, die dir das Verständnis erleichtern, doch niemand wird die wahre Bedeutung und die Botschaften deiner Träume so gut entziffern können wie du.

NACHBEREITUNG

Führe die oben beschriebenen Schritte durch und interpretiere deine Träume. Notiere dann deine Antworten auf die folgenden Fragen und denke dabei über deine Erfahrungen nach.

✦ Welche Arten von Träumen habe ich am häufigsten?
✦ Welche Träume mag ich besonders?
✦ Welche finde ich schrecklich?
✦ Gibt es einen Traum, den ich immer wieder habe? Was könnte er bedeuten?

Übung 8
EINEN GEISTFÜHRER TREFFEN

Im ersten Teil dieses Buches haben wir bereits die Geistführer erwähnt: hoch energetische Wesen, die uns ständig umgeben und unser inneres Wachstum und unsere spirituelle Entwicklung fördern. Manchmal werden sie auch als Engel oder Meister der Weisheit bezeichnet, doch wie auch immer wir sie nennen, ihre Absicht ist stets dieselbe: Sie wollen uns führen, uns Beistand leisten und uns zurück auf den rechten Weg bringen, wenn wir vom Pfad zur Vollendung der Seele abgekommen sind. Wenn wir in diese materielle Welt geboren werden, bekommen wir alle eine Reihe von »Aufgaben« mitgegeben. Unser Höheres Selbst will, dass wir bestimmte Ziele und Entwicklungsstufen erreichen. Wenn wir uns der Erfüllung dieser Aufgaben widmen, sind wir glücklich, verspüren inneren Frieden und haben ein hohes Energielevel. Doch die materielle Welt lenkt uns fortwährend von diesem Weg ab. Geistführer können uns leiten und uns bei der Erreichung unserer Ziele helfen, jedoch nicht ohne unser Zutun; wir müssen die Verbindung zu ihnen suchen und sie um Beistand bitten.

Geistführer leisten einen wesentlichen Beitrag zur Stärkung übersinnlicher Fähigkeiten. Sie können auf vielfältige Weise Kontakt zu uns aufnehmen und uns helfen, die Aufmerksamkeit darauf zu richten, wie wir all das erreichen, was wir wollen. Zu diesem Zweck kann es sinnvoll sein, die Begegnung mit ihnen zu suchen, um den Austausch in Gang zu bringen und ihnen bewusst einen Platz an unserer Seite anzubieten.

Wenn du Kontakt zu deinen Geistführern aufnimmst, ist das

nicht das erste Mal, dass du ihnen »begegnest«. Sie waren schon an deiner Seite, noch bevor du überhaupt in dieses Leben getreten und du selbst geworden bist. Sie kennen dich gut und bringen dir bedingungslose Liebe entgegen. Wenn du gezielt die Verbindung mit ihnen suchst, wirst du den Beistand und die Unterstützung spüren, die sie dir nur allzu gern zukommen lassen.

VORBEREITUNG

Weil du bereits erste Schritte unternimmst, um deine übersinnlichen Fähigkeiten zu nutzen, sind dir deine Geistführer schon nahe, umgeben dich mit ihrer Energie und sind leicht ansprechbar. Meditationen wie die folgende können dir dabei helfen, deine Geistführer zu sehen und mit ihnen in Kontakt zu treten. Führe zur Vorbereitung die einleitende Meditation aus dem ersten Teil oder deine Lieblingsmeditation durch, um dich in einen ruhigen, meditativen Zustand zu versetzen. Am besten suchst du dir für diese Übung einen ruhigen Ort ohne elektronische Geräte oder andere Ablenkungen. Die Natur bietet hierfür einen guten Rahmen. Die Übung »Das dritte Auge öffnen« eignet sich gut als zusätzliche Vorbereitung auf die folgende Übung. Wenn du sie noch nicht kennst, probiere sie jetzt einmal aus.

Einem Geistführer begegnen – Schritt für Schritt

1. Nimm an dem Ort, den du dir ausgesucht hast, eine sitzende oder liegende Haltung ein und schließe nach Möglichkeit die

Augen. Atme ein paarmal tief durch und spüre die reinigende Kraft des Atems.

2. Visualisiere mithilfe deines dritten Auges einen einsamen Ort in der Natur. (Näheres zum Chakra des dritten Auges findest du in den Übungen »Das dritte Auge öffnen« sowie »Die Chakren ausgleichen«.) Widme deine Aufmerksamkeit nun deiner Umgebung. Mache dir bewusst, was du siehst, was du riechst und wie du dich fühlst. Nutze alle deine Sinne, um dich ganz und gar an diesen Ort zu versetzen, den du über dein drittes Auge wahrnimmst. Du betrittst damit eine andere Dimension, einen neutralen Ort, an dem du mit einem deiner Geistführer interagieren kannst.

3. Stell dir jetzt vor, wie vor dir ein helles Licht erstrahlt. In diesem Licht erscheint eine Gestalt. Anfangs ist sie nur schwer zu erkennen, und möglicherweise dauert es lange, bis sie sich ganz materialisiert hat. Vielleicht siehst du die Gestalt auch niemals vollständig, sondern immer nur ein flüchtiges Aufscheinen.

4. Sende der Gestalt ein energetisches Signal, mit dem du sie willkommen heißt und ihr erlaubst, sich dir zu nähern. Visualisiere, wie du eine Hand zum Gruß hebst oder einen Lichtschein verströmst, der sich mit dem Licht der Gestalt vereint. Die Verbindung, die in diesem Moment entsteht, wird dir ein Gefühl von starker Beseeltheit verleihen. So wie wenn du einen neuen Menschen kennenlernst, entsteht auch hier eine Beziehung, die den Austausch von Informationen erleichtert.

5. Wenn die Vision zu verblassen scheint oder sich gar nicht erst einstellt, ist das nicht weiter schlimm. Dann versuche es einfach immer wieder. Möglicherweise nimmt es eine gewisse Zeit in Anspruch, bis du deine Geistführer wirklich zu

Gesicht bekommst. Doch wie lange es auch dauert, sie sind fortwährend um dich und übermitteln dir ihre Botschaften, durch Zeichen, Signale, Zahlen und Menschen.

Ob du deine Geistführer siehst oder nicht, bitte sie um ein Zeichen, mit dem sie dir zeigen, dass sie da sind. Sei dabei offen für jede Art von Signal.

Übe dich in Geduld
Geistführer sind wählerisch, sie erscheinen nicht einfach so, immer und überall. Sie bringen uns uneingeschränkte Liebe und Unterstützung entgegen, aber sie tun nicht immer das, worum wir sie bitten!

NACHBEREITUNG

Führe die oben genannten Schritte durch, um einem deiner Geistführer zu begegnen. Notiere dann deine Antworten auf die folgenden Fragen und denke dabei über deine Erfahrungen nach:

✦ Wie habe ich mich beim Einstieg in die Meditation gefühlt?
✦ Welchen Ort in der Natur habe ich visualisiert?
✦ Habe ich gehört, wie mein Geistführer zu mir gesprochen hat?
✦ Wenn eine Verbindung zustande kam: Was glaube ich, wie mein Geistführer heißt?
✦ Habe ich eine allgemeine Botschaft von meinem Geistführer verspürt?

Übung 9
DAS BUCH DER GEISTFÜHRER-SYMBOLE

Geistführer sind Wesen, die gemeinsam mit deinem Höheren Selbst darauf hinwirken, dass du auf dem Weg bleibst, den dein Seelenvertrag dir vorzeichnet. Sie signalisieren dir, wenn du von diesem Weg abkommst, senden dir Botschaften, die für dich und andere Menschen heilsam sind und erschaffen Kommunikationskanäle zwischen dem *Geist* und dir. (Mehr über Geistführer und das Höhere Selbst findest du im ersten Teil dieses Buches.)

Wenn du deine übersinnlichen Kräfte stärker nutzen willst, brauchst du Hilfsmittel, um mit deinen Geistführern zu kommunizieren. Denn mit jedem Schritt sprichst du die Sprache des *Geistes* besser. Um deinen Blick zu weiten und mehr Informationen zu erhalten, kannst du ein Buch der Symbole anlegen, das dir dann als eine Art Wörterbuch dient. Weil deine Geistführer himmlische Energien sind, drücken sie sich nicht nur in Worten aus. Um deine Aufmerksamkeit zu wecken und Botschaften zu übermitteln, verwenden sie üblicherweise Symbole. Und weil du ein Individuum bist und deine individuellen Geistführer hast, sind auch deine spirituellen Symbole individuell. Ein Buch der Symbole hilft dir nicht nur, künftige Botschaften zu entschlüsseln, sondern stärkt auch die Bedeutung, die die einzelnen Symbole für dich haben. Dieses Buch gehört dir und deinen Geistführern gemeinsam. Jedes Mal, wenn du einen neuen Eintrag verfasst, legst du die Bedeutung des jeweiligen Symbols für alle Zeiten fest.

VORBEREITUNG

Besorge dir ein Notizbuch, das so dick ist, dass du es viele Jahre lang verwenden kannst. Dein Buch der Symbole wird ein fortlaufendes Projekt sein; es wird viel Zeit in Anspruch nehmen und doch nie ganz abgeschlossen sein. Überlege dir zur Vorbereitung, welche Symbole für dich von Bedeutung sind. Vielleicht gibt es bestimmte Symbole, die dir schon immer aufgefallen sind, etwa Federn, Münzen oder bestimmte Tiere. Erstelle der Einfachheit halber zunächst eine Liste der Dinge, denen du dich verbunden fühlst. Sie alle haben eine Bedeutung für dich, auch wenn du sie noch nicht konkret fassen kannst.

Und du wirst immer neue Symbole hinzufügen. Wenn der *Geist* erkennt, dass du auf Symbole achtest und empfänglich für sie bist, wird er dir immer wieder welche senden. Sie werden unvermittelt und ohne große Ankündigung auftreten. Einige wirst du mit dem dritten Auge sehen (mehr zum Chakra des dritten Auges findest du in den Übungen »Das dritte Auge öffnen« und »Die Chakren ausgleichen«), andere werden ganz unvermittelt auftauchen in dem, was du spürst oder siehst oder woran du dich erinnerst. Vielleicht kommt dir während eines Gesprächs mit einer neuen Freundin plötzlich ein Song in den Sinn, den du vor Kurzem irgendwo gehört hast. Vielleicht siehst du auch eine Gestalt oder einen Ort, an dem du einmal warst, oder scheinbar zusammenhanglose Gegenstände, mythische Wesen oder Dinge, die dich an lustige Erlebnisse erinnern. All diese Dinge können eine weitreichendere Bedeutung haben. Wenn du etwa in Gegenwart eines Menschen an New York denken musst, kann das bedeuten, dass die Person von dort stammt oder Verbindungen dorthin hat.

Ein Buch der Geistführer-Symbole anlegen – Schritt für Schritt

1. Wähle aus deiner Liste ein Symbol aus.
2. Nimm eine sitzende, meditative Haltung ein; die Augen kannst du dabei offen lassen oder schließen. Wenn du möchtest, kannst du das Symbol in dein Buch der Geistführer-Symbole zeichnen.
3. Sprich laut die Frage aus: »Was bedeutet dieses Symbol?« Die erste Antwort, die du verspürst, ist die richtige.
4. Wenn nicht unmittelbar eine Antwort kommt, warte noch ein wenig. Bitte deine Geistführer, sich etwas konkreter zu der Bedeutung zu äußern.
5. Richte in den folgenden Tagen deine Aufmerksamkeit darauf, in welchen Formen sich dir das Symbol zeigt. Achte darauf, wo und wann du es siehst, welche Menschen es dir senden und warum, und in welchem Zusammenhang es jeweils steht. Ein Symbol kann zahlreiche Bedeutungen haben. Indem du sie alle in deinem Buch festhältst, kannst du dich mit ihnen vertraut machen und verfolgen, wie die Symbole dich im Leben begleiten.

Jedes Mal, wenn du ein neues Symbol in dein Buch einträgst, stärkst du damit die Verbindung mit deinen Geistführern. Halte dich immer und überall bereit, dir Notizen zu deinen Symbolen zu machen.

Die Antworten auf die Frage nach ihrer Bedeutung können sehr rasch kommen und sehr intensiv sein, also solltest du stets in der Lage sein, sie festzuhalten. Jedes Symbol hat mindestens zwei Bedeutungen. Lass daher bei jedem Eintrag ausreichend Platz, damit du später bei Bedarf noch weitere Notizen hinzufügen kannst.

Erweiterung der Übung

Symbole können sich wie wiederkehrende Gedanken anfühlen, wie nervige kleine Erinnerungen, die uns piesacken. Möglicherweise verspürst du den Impuls, sie laut zu benennen, vor allem wenn du sie an einem anderen Menschen siehst oder empfindest. Der *Geist* wird deine Impulse und Emotionen nutzen, um deine Aufmerksamkeit auf die Bedeutung deiner Symbole zu lenken. Sei also für seine Botschaften empfänglich.

NACHBEREITUNG

Führe die oben beschriebenen Schritte durch und lege dein persönliches Buch der Geistführer-Symbole an. Notiere dann deine Antworten auf die folgenden Fragen und denke dabei über deine Erfahrungen nach:

✦ Welche Symbole will ich erkunden?
✦ In welcher Form zeigen sich mir diese Symbole?
✦ Welche Symbole begleiten mich schon mein ganzes Leben lang?
✦ Welche ungewöhnlichen Bedeutungen haben meine Symbole?
✦ Was hat mich bei dieser Übung am meisten überrascht?

Übung 10
FERNWAHRNEHMUNG

Kennst du das: Du siehst einen Raum klar vor dir, obwohl du ihn noch nie betreten hast? Oder du telefonierst mit einer Freundin und weißt genau, dass sie gerade Tee aus einer gelben Tasse trinkt? Wir sind zwar in unserem Körper beheimatet, können jedoch durch unseren Geist die äußere Welt auf energetische Weise sehen. Fernwahrnehmung ist die übersinnliche Fähigkeit, Orte außersensorisch mit dem Geist wahrzunehmen.

Fernwahrnehmung kann den unterschiedlichsten Zwecken dienen. Am effektivsten ist sie, wenn du genau benennst, was du suchst und warum. Du kannst sie einsetzen, um einen verlorenen Gegenstand wiederzufinden, um ein Tier oder einen Menschen ausfindig zu machen, oder um zu sehen, wie jemand lebt, der dir am Herzen liegt oder mit dem du in Verbindung treten möchtest. Durch Fernwahrnehmung kannst du auch natürliche Ressourcen sehen, die sich unter der Erdoberfläche verbergen, wie etwa Wasser, Öl oder Mineralien. Und sogar in verschlossene Tresore oder hinter verriegelte Türen kannst du damit blicken. Nicht zuletzt lassen sich damit Verbindungen zwischen der Vergangenheit und der Gegenwart herstellen, denn manchmal kannst du Orte »sehen«, die nicht mehr existieren.

VORBEREITUNG

Bevor du dich dieser Übung widmest, machst du am besten die Übung »Das dritte Auge öffnen«. Wenn du dein drittes Auge aktiviert hast, kannst du leichter erspüren, welche Orte du mittels Fernwahrnehmung sehen willst und warum. Wenn du deine Wünsche in die Tat umsetzt, entsteht eine Art Landkarte des Übersinnlichen, die die Energieströme zwischen deinem Aufenthaltsort und den Orten zeigt, die du sehen willst.

Bei dieser übersinnlichen Praxis ist es wichtig, dass du überprüfen kannst, inwieweit deine Fernwahrnehmung eines Ortes mit den tatsächlichen Gegebenheiten übereinstimmt. Wende dich etwa an eine Freundin, von der du weißt, dass sie empfänglich für die Vorstellung ist, dass du ihr Zuhause mittels Fernwahrnehmung visualisierst; oder du visualisierst einen Ort, den du anschließend aufsuchen kannst, um das, was du gesehen hast, zu überprüfen.

Du kannst dich auch mithilfe von Gegenständen mit dem Ort verbinden, den du visualisieren willst, etwa durch ein Objekt, das von dem Ort stammt, eine Karte der Region oder ein Foto (das etwa das Äußere eines Gebäudes zeigt oder einen anderen Teil, der nicht der ist, den du sehen willst). Am besten hältst du während der Übung ein Notizbuch bereit, um dir Notizen oder Skizzen von den Dingen zu machen, die du während der Visualisierung siehst.

Fernwahrnehmung – Schritt für Schritt

1. Nimm eine sitzende Position ein, atme ein paarmal durch die Nase ein und durch den Mund wieder aus und bringe dich so in einen meditativen Zustand. Schließe dann die Augen.
2. Atme tief ein und richte die Aufmerksamkeit auf dein drittes Auge, das Chakra zwischen den Augenbrauen. Es ermöglicht

dir ein uneingeschränktes Sehen, das nicht den physikalischen Begrenzungen des menschlichen Auges unterliegt.

3. Richte das Sehvermögen deines dritten Auges auf den gewählten Ort. Lass dich dabei von deinen Emotionen leiten; achte darauf, wie es sich anfühlt, dort zu sein. Hinterfrage dabei nicht, was du siehst, und lass dich einfach durch die Szenerie treiben.

4. Achte nach einer Weile auf die Details. Nimm dir Zeit, um dich an den Raum zu gewöhnen, den du visualisierst, denn manchmal herrscht anfangs eine gewisse visuelle Verwirrung, bevor der Ort hervortritt, den du durch Fernwahrnehmung sehen willst.

Nutze deine Sinne

Achte bei der Fernwahrnehmung besonders auf deine fünf Sinne. Vielleicht siehst du in deiner Einbildungskraft Bilder aufblitzen – solche, die einen Bezug zu dem Ort haben, oder welche, die für sich stehen. Vielleicht riechst oder hörst du etwas, zum Beispiel das Zwitschern von Vögeln oder vorüberfahrende Autos. Vielleicht fröstelt dich, oder du spürst, dass es gleich regnen wird. Vielleicht steigen dir Küchengerüche in die Nase. Bei der Fernwahrnehmung sind alle körperlichen Sinne beteiligt, und alle Details, die du empfängst, verbinden dich stärker mit deiner Vision.

Achte auf dein Ego

Dein Geist will unbedingt deine Wahrnehmungen beurteilen und Mutmaßungen anstellen. Anfangs fühlst du dich bei der Übung vielleicht unsicher oder zweifelst daran, dass sie funktionieren wird. Vielleicht siehst du auch einen Ort und entscheidest mithilfe deines kreativen Vermögens und nicht anhand der Details der Vision, um welchen Ort es sich handelt. Versuche zunächst, die Details außer Acht zu lassen, denn anschließend, wenn du den Ort aufsuchst, den du zuvor in der Fernwahrnehmung gesehen hast, werden Dinge Sinn ergeben, in denen du zuvor keinen Sinn gesehen hast.

5. Wenn du müde wirst, beende die Übung einfach, indem du deine Vision loslässt und mit der Aufmerksamkeit wieder zu dir selbst zurückkehrst.

6. Vergleiche das, was du in der Fernwahrnehmung gesehen hast, mit den tatsächlichen Gegebenheiten des Ortes. Notiere, was du korrekt wahrgenommen hast, und wie es sich während der Visualisierung angefühlt hat, diese Stellen zu betrachten. Notiere auch, was du nicht korrekt gesehen hast, und inwiefern. Je öfter du diese Übung praktizierst, desto sicherer wirst du erkennen, auf welche Gefühle du dich einlassen kannst und welche du besser ignorierst oder vorüberziehen lässt.

NACHBEREITUNG

Führe die oben genannten Schritte durch und übe die Fernwahrnehmung. Notiere dann deine Antworten auf die folgenden
Fragen und denke dabei über deine Erfahrungen nach:

✦ Welchen Ort wollte ich in der Fernwahrnehmung sehen und
warum?
✦ Was habe ich während der Übung gesehen, was habe ich gespürt, bemerkt, berührt?
✦ Was hat sich als »zutreffend« erwiesen? Was als abwei-
chend?
✦ Nachdem du den Ort in der Wirklichkeit gesehen hast: Wie
hat es sich angefühlt, die korrekten Details wahrzunehmen?
Wie hat es sich bei den unkorrekten angefühlt?

Übung 11
DIE PERSÖNLICHE AURA

Welche Farbe ist deine Lieblingsfarbe? Möglicherweise ist das auch die Farbe deiner Aura! Unsere Lebenskraft zeigt sich in einer bestimmten Form von Energie, die unseren Körper umgibt, einer energetischen Schwingung von einer ganz bestimmten Farbe, der sogenannten Aura. Mit dem dritten Auge können wir sie auf ganz natürliche Weise wahrnehmen. (Mehr zum Chakra des dritten Auges findest du in den Übungen »Das dritte Auge öffnen« und »Die Chakren ausgleichen«.) Eine Aura ist wie ein energetischer Fingerabdruck; jede ist einzigartig, und bei den meisten Menschen besteht sie aus zwei Farben.

Aber die Aura ist mehr als nur Schmuck. Sie kann Aufschluss über die Persönlichkeit geben, darüber, in welcher emotionalen und geistigen Verfassung die betreffende Person ist, an welchen Stellen ihres Körpers sie sich ermüdet fühlt, wie sie mit anderen Menschen interagiert und welche Traumata sie in früheren Inkarnationen möglicherweise erfahren hat. Wie die Typisierung von Persönlichkeiten kann dir auch die Beschäftigung mit deiner Aura dabei helfen, dich selbst anzunehmen und die Vorstellungen davon, wie du sein solltest, loszulassen. Um das zu verstehen, brauchst du die Aura eines anderen Menschen nicht mit dem körperlichen Auge zu »sehen«. Jede Aurafarbe hat eine ganz bestimmte Schwingung, die du spüren und deren Bedeutung du erfassen kannst.

VORBEREITUNG

Um eine Aura zu erfassen, musst du zunächst erspüren, welche Gefühle der betreffende Mensch in dir auslöst und welche Art von Schwingungen von ihm ausgehen. Wenn du jemanden kennenlernst, halte kurz inne und überlege, an welche Farbe die Person dich erinnert, oder beobachte einfach, welche Farbe spontan in deinem Geist erscheint.

Wenn du jemanden kennenlernst und neugierig auf ihn bist und dich energiegeladen fühlst, dann ist seine Aura vielleicht gelb. Wenn du dich mit einem Freund unterhältst, der gerade eine schwere Zeit durchmacht und jemanden braucht, der ihm zuhört, ist seine Aura vielleicht blau. Je mehr du auf Auren achtest und sie nutzt, um andere Menschen und dich selbst zu verstehen, desto mehr werden sich in den Farben Emotionen, Situationen und Menschen vermischen.

Die folgende Liste mit den Bedeutungen der Aurafarben kann dir als Hilfe dienen, wenn du an Menschen, Gefühlen und Gegenstände bestimmte Farben wahrnimmst.

◆ **Rot:** durchsetzungsstarke Führungsfiguren, die anpacken und im Umgang mit Menschen einen sicheren Instinkt haben.
◆ **Blau:** von Natur aus empathische und empfindsame Menschen, die viel Mitgefühl haben, nachdenklich sind und gerne geben.
◆ **Gelb:** neugierige und gut organisierte Multitasker, die immer besser werden wollen und die direkte und ehrliche Kommunikation schätzen.
◆ **Lila:** kreative und intuitive Rebellen, die den Schaffensrausch lieben und nach Veränderung streben.

- **Grün:** intellektuelle Denker, die logisch vorgehen und dabei auf alle Details achten und die sich am liebsten mit ganzem Einsatz herausfordernden Projekten widmen, die die Entwicklung der eigenen Persönlichkeit fördern.
- **Türkis:** mitfühlende, stille und lebenskluge Menschen, die andere heilen und ihnen als Spiegel dienen.
- **Indigo:** mitreißende, empathische Menschen, die anderen helfen wollen und Gedanken lesen und nonverbal kommunizieren können.
- **Pink:** optimistische, kraftvolle, liebende und unschuldige Seelen, die oft tatkräftig und selbstbewusst, aber auch hoffnungslose Romantiker sind.
- **Orange:** hoch motivierte, kreative und detailverliebte Menschen, die ihre Umgebung schnell und radikal verändern wollen.

Eine Aura erspüren – Schritt für Schritt

1. Je vertrauter dir ist, wie sich die Schwingungen von Farben anfühlen, desto leichter kannst du mit deinem dritten Auge Auren erkennen. Um das zu üben, halte eine Hand vor einen weißen oder neutralen Hintergrund.
2. Sieh auf deine Hand und versuche dabei, nichts Bestimmtes in den Blick zu nehmen und die Augen zu entspannen. Dann siehst du die Dinge möglicherweise verschwommen oder missgestaltet. Auf diese Weise aktivierst du die Wahrnehmung durch dein drittes Auge.
3. Führe diese Übung zur Entspannung der Augen und zur Aktivierung des dritten Auges ein paar Tage lang regelmäßig

durch, um dich an dieses Gefühl zu gewöhnen. Du kannst dabei auch den Blick auf deine Umgebung richten, auf Pflanzen oder dein Haustier, oder während eines Spaziergangs auch auf Passanten.

4. Bitte nun eine Freundin um Hilfe. Bitte sie, sich vor einen weißen oder neutralen Hintergrund zu stellen. Dann sieh sie an, ohne den Blick auf etwas Bestimmtes zu richten. Was registrierst du dabei? Anfangs siehst du vielleicht einen weißen Schimmer entlang der Konturen des Körpers. Das ist der erste Schritt hin zum »Sehen« der Aura. Möglicherweise strahlt der Schimmer in verschwommenen, wellenartigen Schwingungen nach außen.

5. Wenn du dich lange genug darin übst, deine Freundin mit dem dritten Auge zu sehen, wirst du irgendwann unter dieser ersten Schicht die wahre Farbe ihrer Aura sehen. (Mehr zum Chakra des dritten Auges findest du in den Übungen »Das dritte Auge öffnen« und »Die Chakren ausgleichen«.)

Achte auf deine Emotionen

Achte während dieser Übung immer wieder darauf, wie du dich fühlst. Verleiht dir diese Person ein Gefühl der Sicherheit, oder flößt sie dir Angst ein? Fühlst du dich in ihrer Gegenwart fröhlich, albern, unternehmungslustig oder geliebt? All diese Gefühle stehen in Verbindung mit der Farbe der Aura dieser Person.

NACHBEREITUNG

Führe die oben genannten Schritte durch und versuche, die Aura anderer Menschen zu erspüren. Notiere dann deine Antworten auf die folgenden Fragen und denke dabei über deine Erfahrungen nach:

Vor der Übung

✦ Wer ist die Person, deren Aura ich erspüren will?

Während der Übung

✦ Wie fühle ich mich, wenn ich diesen Menschen ansehe? – Beschreibe so genau wie möglich, wie du emotional auf die Person reagierst.
✦ Lässt mich die Person an eine bestimmte Farbe denken? An welche, und warum?
✦ Wie sieht die Energie aus, die die Person umgibt? Sehe ich sie wirklich oder nur im Geiste? – Beschreibe so genau wie möglich, was du siehst.

Übung 12
HELLHÖREN

Hast du schon einmal geglaubt, etwas zu hören, das nicht aus dieser Welt stammt? Ein Lied oder das Summen einer menschlichen Stimme, das scheinbar aus einer weit entfernten Gegend kommt? Der *Geist* drückt sich auf viele verschiedene Arten aus, und ein Weg, seine Signale zu empfangen, ist das Hellhören. Wir alle besitzen diese übersinnliche Fähigkeit, aber wir müssen sie trainieren, damit sie voll zur Entfaltung kommt. Die entsprechenden Möglichkeiten sind vielfältig, und jeder und jede hat auf einem anderen Gebiet persönliche Stärken. Möglicherweise bist du in der Lage, tatsächlich Geräusche aus dem Jenseits zu hören, wie etwa Schritte oder das Quietschen von Dielenbrettern, wenn du allein im Raum bist. Solche Geräusche können auch in deinem Geist entstehen und doch etwas anderes sein als Gedanken oder Produkte deiner Einbildungskraft. Sie sind göttlichen Ursprungs und äußern sich in deinem Inneren so laut, dass du sie sofort wahrnimmst. Sie können sich fremdartig anfühlen und so, als stammten sie aus einer anderen Welt.

Hellhören ist eine Fähigkeit, die wir als Kind auf ganz natürliche Weise pflegen. Wenn wir ins Spiel vertieft sind, verliert sich unser Geist und wir geraten in einen meditativen Zustand. Kinder unterscheiden nicht zwischen Stimmen der »echten Welt« und den Stimmen, die sie aufgrund ihrer Hellhörigkeit vernehmen. Wenn du als Kind einen imaginären Freund hattest, ist das ein starkes Anzeichen dafür, dass sich bei dir die Fähigkeit zum Hellhören früh ausgeprägt hat.

Tagträumerei, Selbstgespräche, Stimmen in hoher Tonlage, die sich unvermittelt und wie zufällig zu Wort melden, Gedanken, die wie aus dem Nichts auftauchen – all das sind weitere Anzeichen dafür, dass die Fähigkeit des Hellhörens aktiviert ist. Wenn du Fragen stellst und sie offen lässt, wird der *Geist* deine Fähigkeit nutzen, um dir zu antworten. Mit seinen Botschaften will er dir bei Bedarf zur Seite stehen und dir helfen, eine Verbindung zum Jenseits aufzubauen.

Hellhören ist eine freudvolle Geistestätigkeit; sie soll keine Angst einflößen, und sie ist auch kein Symptom einer Geisteskrankheit. Die Stimmen selbst und das Erlebnis des Hörens sollten dir niemals in irgendeiner Weise unangenehm sein. Wenn das der Fall ist oder wenn durch die Stimmen deine Beziehungen zu anderen Menschen gestört werden, solltest du dich an einen Arzt oder eine psychotherapeutische Beratungsstelle wenden.

VORBEREITUNG

Wenn du dir antrainierst, auf einzelne Geräusche zu hören und sie voneinander zu trennen, stärkst du damit auch ganz allgemein deine Fähigkeiten des Hellhörens. Anfangs kann es dabei ein wenig verwirrend sein, dass du die physikalischen Geräusche nicht von denen trennen kannst, die auf übersinnliche Weise zu dir kommen. Wenn du anfängst, bewusst darauf zu achten, wirst du überrascht sein, wie weit entwickelt deine Fähigkeit des Hellhörens schon ist. Setzen sich etwa Songs so tief in deinem Kopf fest, dass du tatsächlich alle Instrumente mitsamt der Stimme des Sängers »hörst«? Kannst du es »hören«, wenn du dich daran erinnerst, was jemand zu dir gesagt hat? Hörst du das Telefon klingeln, kurz bevor es tatsächlich läutet, oder spürst du, welcher Song als nächster kommt, noch bevor ein einziger Ton zu hören ist? Dann ist es Zeit herauszufinden, was du noch alles kannst!

Suche dir zur Vorbereitung einen ruhigen Ort in der Natur, wo du ungestört bist. Setz dich bequem hin und schließe die Augen.

Hellhören – Schritt für Schritt

1. Achte auf das, was du hörst: das Zwitschern von Vögeln, der Lärm vorüberfahrender Autos, das Lachen eines Kindes, das Rauschen des Windes in den Blättern. Es ist eine wunderbare Erfahrung, die Geräusche zu hören, die du normalerweise ignorierst.
2. Wähle ein Geräusch aus und versuche, es von den anderen zu trennen. Konzentriere dein Hören ausschließlich auf dieses Geräusch, erspüre seine Schwingungen und achte darauf, wie es sich um dich herum bewegt, fließt und vibriert.
3. Wenn du dieses Geräusch fest in deinem Geist verankert hast, kehre wieder in deinen Alltag zurück.
4. Bevor du an diesem Abend einschläfst, rufe dir, wenn du schon im Bett liegst, das Geräusch in Erinnerung, auf das du dich tagsüber in der Natur konzentriert hast. Erschaffe es erneut in deinem Kopf, Ton für Ton. Nimm es wahr, als erklänge es in genau diesem Augenblick. Weil du dich zuvor mit ihm vertraut gemacht hast, kannst du es jetzt erneut entstehen lassen.

5. Wenn du das Geräusch noch einmal hast entstehen lassen, kannst du einschlafen.

Mit der Zeit wird dir diese Übung so leicht fallen, dass du in der Lage bist, »echte« Geräusche von denen zu trennen, die du auf übersinnliche Weise hörst. Wenn du darin geübt bist, wird der *Geist* dir mehr und mehr Geräusche senden.

Weitere Übungen zum Hellhören

- Versuche zu erspüren, welcher Song als nächster im Radio kommt.
- Meditiere über eine bestimmte Frage. Formuliere sie während der Meditation und warte ab, welche Antwort dich auf den Kanälen des Hellhörens erreicht.
- Vereinbare mit einer Freundin eine Liste von zehn Wörtern. Wenn ihr ausreichend weit voneinander entfernt seid (sodass ihr einander nicht hören könnt), sprecht nacheinander jeweils eines der Wörter laut aus. Achte darauf, ob du »hörst«, welches Wort deine Freundin gesagt hat.

NACHBEREITUNG

Führe die oben genannten Schritte durch, um deine Fähigkeit des Hellhörens zu stärken. Notiere dann deine Antworten auf die folgenden Fragen und denke dabei über deine Erfahrungen nach:

◆ Wie kann ich übersinnliches von physikalischem Hören unterscheiden?

◆ Habe ich schon einmal im Kopf eine Botschaft »gehört«?

◆ Auf welche anderen Arten habe ich Hellhören ausgeübt,
ohne mir dessen bewusst zu sein?

◆ Habe ich im Leben schon einmal Beistand durch Botschaften
erfahren, die mich über das Hellhören erreicht haben? War
es schwierig, sie zu identifizieren?

◆ Wie will ich diese Gabe künftig nutzen?

Übung 13
HELLRIECHEN

Hast du schon einmal unvermittelt das Parfüm deiner verstorbenen Großmutter gerochen? Riechst du manchmal Blumen in Räumen, in denen gar keine Blumen sind? Wie im ersten Teil ausgeführt, ist das Hellriechen eine übersinnliche Fähigkeit, durch die wir Botschaften von geliebten Menschen aus dem Jenseits oder von Himmelswesen wie etwa Engeln empfangen können. Weil diese intensiven übersinnlichen Signale sich genauso anfühlen wie echtes Riechen, lassen sie sich leicht als bloßer Zufall oder als Phänomene eines sehnsüchtigen Erinnerns abtun. In Wirklichkeit sind sie eine Art Visitenkarten aus dem Jenseits, die deine Aufmerksamkeit erregen wollen!

Vielleicht hattest du schon immer einen feinen Geruchssinn und nutzt Hellriechen bereits, ohne dir dessen bewusst zu sein. Diese Fähigkeit kann zahlreiche Formen annehmen. Menschen, bei denen diese Gabe besonders entwickelt ist, können sogar den Tod »riechen«, bevor er eintritt. Steht das Ableben eines Menschen kurz bevor, vernehmen sie einen Geruch, den sie nicht beschreiben können und der mit keinem der uns bekannten Gerüche zu vergleichen ist. Es ist auch möglich, die Energien eines Ereignisses, von Gefühlen oder Gedanken zu riechen, und noch vieles mehr (möglicherweise riechst du etwa den Geruch von Lavendel, wenn jemand in deinem Umfeld bald die Liebe seines Lebens finden wird).

Häufig erleben wir das Hellriechen, wenn wir Botschaften von Engeln und geliebten Menschen aus dem Jenseits empfangen. Engel haben oft einen angenehmen, blumigen Duft, den sie uns senden, um uns Beistand zu leisten und unsere Aufmerksamkeit zu schärfen. Wenn geliebte Menschen im Jenseits mit uns Kontakt aufnehmen oder uns eine Nachricht für jemand anderen übermitteln wollen, senden sie uns zum Beispiel den Geruch ihrer Lieblingszigarre oder der Kaffeesorte, von der sie Zeit ihres Lebens jeden Morgen eine dampfende Tasse getrunken haben.

VORBEREITUNG

Um die Fähigkeit des Hellriechens zu trainieren, nimm ein ätherisches Öl zur Hand, dessen Geruch dir vertraut ist und das beruhigend auf dich wirkt. Lavendelöl und Rosenöl eignen sich für den Anfang besonders gut. Suche dir einen ruhigen Ort, an dem keine anderen starken Gerüche vorherrschen, die dich stören könnten. Führe die einleitende Meditation durch, die du schon aus dem ersten Teil kennst (oder deine Lieblingsmeditation), um dich in einen meditativen Zustand zu versetzen, und richte deine Aufmerksamkeit dabei vor allem auf dein Halschakra.

Hellriechen – Schritt für Schritt

1. Wenn du einen meditativen Zustand erreicht hast, rieche an dem ätherischen Öl, das du dir ausgesucht hast. Halte es ein paar Sekunden lang vor deine Nase und atme seinen Duft ein. Atme dann durch den Mund aus und stell dir dabei vor, dass der Duft in dir bleibt und seine Energie tief in deine Seele dringt. Möglicherweise wird jetzt dein drittes

Auge aktiviert, vor allem, wenn du die Augen geschlossen hältst. Achte darauf, ob du etwas siehst, und was.

2. Führe das Öl von der Nase weg. Richte dann die Aufmerksamkeit auf das Halschakra und versuche, dir den Duft in Erinnerung zu rufen.

3. Wenn du den Duft nicht mehr riechen kannst, halte dir das Öl wieder vor die Nase.

4. Führe das Öl von der Nase weg, konzentriere dich erneut auf das Halschakra und versuche wieder, den Duft zu riechen.

5. Wiederhole die Schritte 3 und 4 etwa zehn Minuten lang, bis du mit der Übung vertraut bist.

6. Wenn du diese anfängliche Übung abgeschlossen hast, kannst du dir den Duft in entspannten Momenten des Alltags auch spontan in Erinnerung rufen. Auch beim Meditieren kannst du ihn dir ohne Zuhilfenahme des Öls vergegenwärtigen, indem du dich auf dein Halschakra konzentrierst.

Mit der Zeit wirst du lernen, dir den Duft zu jedem beliebigen Zeitpunkt klar und deutlich zu vergegenwärtigen, und du wirst lernen, zwischen wirklichen Gerüchen und solchen zu unterscheiden, an die du dich »erinnerst«.

Weitere Übungen

Wenn du erste Erfahrungen mit dem Hellriechen gemacht hast, achte auf alle Gerüche, die dir im Leben begegnen. Sprich mit anderen Menschen darüber und frage sie, ob sie dieselben Gerüche wahrnehmen wie du. Dabei wirst du möglicherweise feststellen, dass es bestimmte Gerüche gibt, die nur du wahrnimmst. Wahrscheinlich hast du schon dein ganzes Leben lang Gerüche vernommen, die Anzeichen übersinnlicher Botschaften darstellen! Um deine Fähigkeiten noch weiter auszubauen, kannst du auf folgende Weise üben:

- Verwende bei der Meditation auch andere Öle. Jedes Mal, wenn du ein neues Öl verwendest, erweiterst du deine Fähigkeiten, vertiefst und stärkst sie.
- Achte darauf, welche Gerüche du bei bestimmten Ereignissen oder Gefühlen wahrnimmst. Begräbnisse, Hochzeiten, Geburtstagsfeiern, aber auch Konflikte können von bestimmten Gerüchen begleitet werden, die aus der Energie entstehen, die in solchen Situationen herrscht. Wenn du bei diesen Gelegenheiten deine Aufmerksamkeit und deine Selbstwahrnehmung schärfst, baust du damit deine Fähigkeit aus, Gerüche mit solchen Ereignissen und Gefühlen in Verbindung zu bringen.

NACHBEREITUNG

Führe die oben genannten Schritte durch, um deine Fähigkeit des Hellriechens zu erleben und zu stärken. Notiere dann deine Antworten auf die folgenden Fragen und denke dabei über deine Erfahrungen nach:

✦ Habe ich während der Meditation mit dem Öl etwas mit meinem dritten Auge gesehen? Wenn ja, was?

- ✦ Sind schon einmal Gerüche ganz unvermittelt zu mir gekommen? Was könnten sie bedeutet haben?
- ✦ Bin ich besonders empfänglich für Gerüche?
- ✦ Habe ich das Gefühl, bestimmte Dinge auch zu schmecken, wenn ich sie rieche? Welche Dinge sind das, und wie schmecken sie?
- ✦ Wie will ich künftig mein Bewusstsein für mein Hellriechen stärken?

Übung 14
TELEPATHISCHE NACHRICHTEN

Hast du schon einmal an jemanden gedacht – und kurz darauf ruft dich die betreffende Person an? Hast du schon einmal das Gefühl gehabt, jemanden gesehen zu haben – und kurz darauf begegnest du ihm? Telepathisch zu kommunizieren ist eine Fähigkeit, die wir alle besitzen, und wenn wir sie stärken, können wir mit ihrer Hilfe mit Menschen, die nicht in unserer Nähe sind, in einen echten Austausch treten.

Als Telepathie bezeichnet man die Übermittlung von Informationen zwischen Menschen ohne Verwendung von Mitteln der »normalen« menschlichen Interaktion. Wir alle sind dazu in der Lage, ja, durch unser Unbewusstes sind wir sogar permanent auf telepathische Weise mit anderen verbunden. Es gibt verschiedene Arten von Telepathie, aber letztlich handelt es sich immer um eine Kommunikation zwischen deinem Höheren Selbst und dem Höheren Selbst einer anderen Person.

Telepathische Kommunikation ist immer dann möglich, wenn du mit einem anderen Menschen auf übersinnliche Weise verbunden bist. Solche Bindungen bestehen mit allen Menschen, mit denen wir irgendwie in Beziehung stehen, mit Freunden, Familienangehörigen, aber auch mit allen anderen. Manche dieser Bindungen sind stärker, manche schwächer. Mit deiner besten Freundin verbindet dich eine stärkere übersinnliche Bindung als mit jemandem, den du auf einer Party flüchtig kennengelernt hast. Auch zu Menschen, mit denen du nicht jeden Tag zu tun hast, kannst du eine übersinnliche Verbindung haben, wie etwa zu einem entfernten Verwandten oder zu jemandem, der einmal wichtig für dich war, dir jetzt aber nicht mehr nahesteht.

Anfangs kann sich telepathische Kommunikation anfühlen, als würdest du an jemanden denken. Die Person kommt dir unvermittelt in den Sinn, oder du verspürst das unerklärliche und dringende Bedürfnis, dich bei ihr zu melden. Das sind starke Indizien dafür, dass die Person an dem übersinnlichen Band zieht, das euch verbindet. Und ebenso kannst du lernen, selbst telepathische Botschaften an Menschen zu senden, zu denen du eine solche Verbindung hast, ihnen etwas mitzuteilen und ihnen durch die Energie, die du ihnen schickst, Liebe und Geborgenheit zu schenken.

Telepathie kann sich auch in Träumen abspielen. Es kann zum Beispiel vorkommen, dass du von jemandem träumst und tags darauf erfährst, dass im Leben dieses Menschen gerade ein Konflikt aufbricht oder er einen Schicksalsschlag erlitten hat. Wenn du mit einem Verwandten telefonierst, rufen möglicherweise kurz darauf andere Verwandte an und suchen gleichfalls den Kontakt. Du kannst dich mit einer Freundin telepathisch austauschen, während ihr dieselbe Fernsehsendung seht, oder du weißt einfach, was die Freundin gerade erlebt und denkt, ohne in irgendeiner Form physischen Kontakt zu ihr zu haben.

VORBEREITUNG

Suche dir für diese Übung jemanden, der bereit ist, telepathische Kommunikation mit dir zu üben. Vielleicht kennst du jemanden, zu dem du eine gefestigte übersinnliche Verbindung hast und der dafür offen ist. Diese Bereitschaft ist der »Schlüssel« zu den Energien dieser Person. Vereinbart einen Tag, an dem ihr euch gegenseitig eine Nachricht schickt. Du weißt also nicht, wann genau der andere diese Nachricht schickt, sondern nur, dass es irgendwann innerhalb dieser vierundzwanzig Stunden sein wird.

Eine telepathische Botschaft senden – Schritt für Schritt

1. Wähle eine passende Uhrzeit und imaginiere sie überdeutlich vor deinem geistigen Auge. Nimm dabei deine Einbildungskraft zu Hilfe und übertreibe ruhig ein bisschen: Stell dir etwa eine riesige Anzeigetafel oder glitzernde Ziffern vor.

2. Suche dir einen ruhigen Ort, setz dich und stell dir vor, dein Partner sitzt dir gegenüber. Vergegenwärtige dir nicht nur seine äußere Erscheinung, sondern auch die Gefühle, die seine Gegenwart in dir auslösen. Dann stell dir vor, wie du eine Nachricht tippst, Buchstabe für Buchstabe. Halte die Nachricht kurz und denke daran, ein Gefühl hineinzulegen. Wenn dein Partner bei den ersten Versuchen die Nachricht nicht erhält, spürt er vielleicht zumindest deine Absicht. Wenn du ein visueller Typ bist, kannst du der Nachricht auch ein Emoji hinzufügen.

3. Dann stell dir vor, wie du auf »Senden« drückst und wie dein Partner sein Handy zur Hand nimmt und auf das Display blickt. Sieh ihn vor dir, wie er die Nachricht liest.

4. Verspüre zum Abschluss Liebe für die andere Person sowie Dankbarkeit dafür, dass sie ein Teil deines Lebens ist. Und vergiss nicht, nach Ablauf der vierundzwanzig Stunden zu fragen, ob sie die Nachricht erhalten hat, und achte in dem Zeitraum darauf, ob du eine Nachricht von ihr empfängst.

Je öfter du dieses Vorgehen zusammen mit einem Freund übst, desto mehr stärkst du deine Fähigkeit, telepathische Nachrichten zu senden und zu empfangen.

NACHBEREITUNG

Führe die oben genannten Schritte durch und verschicke eine telepathische Nachricht. Notiere dann deine Antworten auf die folgenden Fragen und denke dabei über deine Erfahrungen nach:

✦ Auf welche Art und Weise verspüre ich im Alltag telepathisches Geschehen?

✦ Wie würde ich diese Erfahrung, mit einem Freund telepathische Nachrichten auszutauschen, beschreiben?

✦ Habe ich während des Verfassens und Sendens der Nachricht etwas Überraschendes gesehen?

✦ Welche der Gefühle, die ich zusammen mit der Nachricht empfangen habe, waren zutreffend? Welche nicht?

✦ Welche weiteren Gefühle haben die zutreffenden und die unzutreffenden Gefühle in mir ausgelöst?

Übung 15
AUTOMATISCHES ZEICHNEN

Hast du schon einmal gedankenverloren vor dich hin gezeichnet und warst dann überrascht von dem, was dabei entstanden ist? Kritzelst du während Besprechungen, Vorlesungen oder langer Vorträge vor dich hin, um dich besser konzentrieren zu können? Das sind alles Spielarten des automatischen Zeichnens. Wenn du auf achtsame Weise zulässt, dass dein Unbewusstes die Kontrolle übernimmt, kannst du diese angeborene Fähigkeit nutzen, um wichtige Botschaften zu kanalisieren, die der *Geist* dir oder anderen Menschen sendet.

Wer ein Medium ist oder seine übersinnlichen Kräfte nutzt, kann mithilfe des automatischen Zeichnens umfassende spirituelle Führung erfahren, die durch das geschriebene oder gesprochene Wort nicht immer vermittelt werden kann. Wenn du deine übersinnlichen Fähigkeiten kontinuierlich trainierst, wirst du, während du meditierst oder um Beistand bittest, vielleicht immer öfter das Bedürfnis verspüren, zu zeichnen oder herumzukritzeln. Manche Menschen zeichnen, während sie spiritistische Séancen abhalten, und finden in dem, was dabei entsteht, Antworten auf bestimmte Fragen. Damit das gelingt, brauchst du keine besonderen künstlerischen Fertigkeiten; aber wer regelmäßig zeichnet, Skizzen entwirft oder malt, dem fällt es vielleicht leichter, sich zu überwinden und sich auf diese übersinnliche Praxis einzulassen.

VORBEREITUNG

Für diese Übung brauchst du einen ruhigen Ort, ausreichend künstlerisches Material und ein Thema. Vielleicht willst du das automatische Zeichnen einmal ausprobieren, um Nachrichten für dich selbst oder eine Freundin zu empfangen. Lege ein allgemeines Thema fest, das du besser verstehen willst, aber bleibe dabei offen für das, was der *Geist* dir möglicherweise sagen will (zumindest am Anfang). Ein solches Thema können zum Beispiel die Botschaften sein, die dein Geistführer dir senden möchte, oder alles andere, was dein Höheres Selbst dir mitteilen möchte. Wichtig ist dabei, dass du die Kontrolle abgibst und eine Kraft in dir zeichnen oder malen lässt, die größer ist als du. Mal wirst du dich mit der einen Ausdrucksweise wohlfühlen, mal mit einer anderen. Wie immer, wenn du deine übersinnlichen Fähigkeiten ausübst, wirst du hier ein wenig herumprobieren müssen. Wenn du dich danach fühlst, kannst du jederzeit den Skizzenblock und den Kohlestift gegen einen Malkasten mit Wasserfarben und Malpapier eintauschen. Lass dich hierbei von deiner inneren Weisheit leiten! Und je nach dem Thema, das du für eine solche Übung gewählt hast, wird sich vielleicht auch das künstlerische Medium ändern, das du verwendest.

Automatisches Zeichnen und Malen – Schritt für Schritt

1. Führe die Meditation aus dem ersten Teil oder deine Lieblingsmeditation durch, und bringe dich in einen meditativen Zustand.

2. Nimm mit achtsamen Bewegungen den Pinsel oder den Kohlestift zur Hand, oder ein anderes künstlerisches Werkzeug, das du dir für die Übung ausgesucht hast.

3. Bitte den *Geist*, so mit dir umzugehen, wie du mit diesem Werkzeug umgehst. Du bist jetzt der Pinsel, der Kohlestift usw. Dein ganzes Wesen dient jetzt dem Zweck, die Botschaft zu übermitteln.

4. Vielleicht verspürst du das Bedürfnis, dich in einen hypnotischen Zustand zu versetzen, in dem du weniger empfänglich für Reize von außen bist. Hierzu kannst du ein Mantra sprechen, wie etwa »Ich bin ganz Botschaft«, oder dich von Meditationsmusik davontragen lassen.

5. Lass zu, dass der *Geist* seine Botschaft durch dich erschafft. Während du zeichnest oder malst, wirst du vielleicht neugierig auf das, was dabei entsteht, aber gewöhne dir an, dich davon nicht ablenken zu lassen. Dazu kannst du die Augen schließen oder versuchen, nichts Bestimmtes in den Blick zu nehmen. Es gibt dabei kein Richtig oder Falsch; orientiere dich nur daran, wie du dich am wohlsten und am empfänglichsten fühlst.

6. Wenn du das Gefühl hast, das Bild ist fertig, löse dich von ihm sowie von der Vorstellung, dass du das künstlerische Werkzeug bist. Du bist nun wieder du selbst, und wenn du weiterhin eine Verbindung spürst, kannst du dieses Gefühl durch ein paar tiefe, reinigende Atemzüge lösen.

7. Betrachte aufmerksam, was du geschaffen hast. Was du jetzt nicht verstehst, wirst du vielleicht später verstehen. Wenn das Thema der Botschaft eine andere Person ist, erschließt sich die Bedeutung des Bildes vielleicht erst, wenn diese Person es betrachtet und deutet.

Achte auf dein Ego

Je öfter du diese Übung machst, desto leichter wird sie dir von der Hand gehen und desto leichter wird es dir fallen, dein Ego von diesem Vorgang zu trennen. Während der Übung solltest du dich unbeschwert, ruhig und voller Frieden fühlen. Wenn du dabei Angst oder Stress empfindest, tritt gedanklich einen Schritt zurück. Du brauchst nicht zu versuchen, diese Übung »gut« oder »richtig« zu machen – überlass dich einfach dem Flow. Was du zu Papier bringst, sieht anfangs vielleicht nach rein gar nichts aus, doch im Lauf der Zeit werden dir immer genauere Formen gelingen. Außerdem wirst du die Farbpalette immer souveräner beherrschen, und so können die Botschaften zu wahren Kostbarkeiten werden. Behalte dabei immer im Kopf: Du bist das künstlerische Medium, und du wirst von einer Macht geleitet, die größer ist als du!

NACHBEREITUNG

Führe die oben genannten Schritte durch und übe dich im automatischen Zeichnen oder Malen. Notiere dann deine Antworten auf die folgenden Fragen und denke dabei über deine Erfahrungen nach:

✦ Worum habe ich den *Geist* zu Beginn der Übung gebeten? Worauf sollte er sich konzentrieren?

✦ Welche körperlichen Empfindungen hatte ich während des Zeichnens oder Malens?

◆ Wohin sind meine Gedanken abgeschweift, als ich ganz mit dem schöpferischen Prozess verbunden war?

◆ Was hat mich während der Übung abgelenkt?

◆ Welche Formen und Figuren zeichne ich bei dieser Übung besonders oft?

◆ An welche Stilrichtung erinnern mich meine Bilder?

Übung 16
AUTOMATISCHES SCHREIBEN

Warst du schon einmal in Gedanken versunken und hast gleichzeitig geschrieben? Durch automatisches Schreiben kannst du den Informationsfluss zwischen deinem höchsten Gut und deinem Körper ermöglichen und so unmittelbaren Kontakt zu deinem Höheren Selbst aufnehmen und hilfreiche Botschaften empfangen. In deinem Inneren befindet sich ein unerschöpfliches Reservoir an Wissen, auf das du zugreifen kannst. Dein Höheres Selbst weiß, weshalb du in diese Welt gekommen bist, wohin dich dein stetiges Dazulernen führen wird und welchen Weg du am besten nimmst, um deinen Seelenvertrag zu erfüllen.

In den eigenen Bewusstseinsstrom einzutauchen und zu beobachten, was sich auf dem Papier niederschlägt, kann ziemlich überraschend sein und eine starke Kraft entfalten. Die Texte, die bei solchen Séancen entstehen, helfen dir ganz allgemein bei deinem inneren Wachstum, lassen dich bestimmte Aufgaben, die sich dir im Moment stellen, besser verstehen oder geben dir Hinweise und Ratschläge für künftige Herausforderungen. Die Botschaften, die dich beim automatischen Schreiben erreichen, kannst du in deiner täglichen Meditationspraxis verwenden oder bei Sitzungen, in denen du dich mit dem *Geist* verbindest.

VORBEREITUNG

Suche dir einen Ort, an dem du bequem sitzen und schreiben kannst, und nimm einen Stift und ein Notizbuch zur Hand. Am besten eignet sich eine großformatige Kladde, damit du, wenn du möchtest, während der Übung die Augen schließen kannst. Sorge dafür, dass du während der Übung möglichst nicht abgelenkt wirst.

Formuliere eine bestimmte Frage und richte sie an dein Höheres Selbst und deine Geistführer. Das kann eine Frage sein, die das Leben im Ganzen betrifft, wie etwa: »Welchen Sinn hat mein Dasein auf dieser Welt?« Oder du bittest um Beistand in einer bestimmten Situation und fragst so etwas wie: »Welche Entscheidung soll ich treffen?« Notiere die Frage oben auf einer neuen Seite, sodass du dich auf sie konzentrieren und sie dir später in Erinnerung rufen kannst.

Damit das automatische Schreiben gelingt, musst du in der Lage sein, deinen Geist zu leeren. Wenn du intensiv übst, kannst du lernen, deine bewussten Gedanken von den Verbindungen zu trennen, die zwischen dir und dem *Geist* sowie deinem Selbst bestehen. Stell dir dazu vor, dass du beobachtest, was um dich herum passiert. Du bist ein Teil des Geschehens, beobachtest es aber gleichzeitig, als wärest du weit entfernt. Wenn du neugierig bleibst und eine ruhige, beobachtende Haltung behältst, wird dir diese Übung leichter fallen.

Achte auf deine Sinne

Achte während der gesamten Übung auf das, was du körperlich empfindest. Du solltest dich stets leicht fühlen und vielleicht geradezu so, als würdest du schweben. Vielleicht wirst du irgendwann müde oder schweifst mit den Gedanken ab. Während deine Hand sich bewegt, kann es dir scheinen, als sei sie losgelöst von dir, aber auf eine friedliche, ruhige Art und Weise. Um die Konzentration aufrechtzuerhalten, kannst du tiefe Atemzüge nehmen oder ein Mantra wiederholen wie etwa »Ich bin Botschaft«. Auch meditative Musik kann dir dabei helfen.

Automatisches Schreiben – Schritt für Schritt

1. Bringe dich an dem Ort, den du dir ausgesucht hast, in einen ruhigen und meditativen Zustand. Verwende dazu die Meditation aus dem ersten Teil oder deine Lieblingsmeditation.

2. Schließe die Augen (falls du sie noch nicht geschlossen hast) oder halte sie offen, ohne den Blick auf etwas Bestimmtes zu richten, setze den Stift aufs Papier und lass ihm freien Lauf. Lockere deine Hand und überlasse sie der anderen Kraft, die sie nun bewegt.

3. Versuche, den Stift während der Übung nicht vom Papier zu lösen. Lass aus deiner Hand einen ununterbrochenen Strom von Wörtern fließen und sieh dabei nie direkt auf das, was du hervorbringst, und halte den Energiefluss zwischen Stift und Papier nicht auf. (Du kannst auch am Computer schrei-

ben und in eine Tastatur tippen. Das Vorgehen ist dasselbe: Lass zu, dass deine Finger sich in einem fort über die Tastatur bewegen.)

4. Wenn du spürst, dass die Verbindung unterbrochen ist, löse den Stift vom Papier oder nimm die Finger von der Tastatur, zum Zeichen dafür, dass du für diesmal fertig bist.

Erweiterung der Übung

Kurz bevor du in die Meditation gehst, notiere den Namen einer Person, auf die du dich während des automatischen Schreibens konzentrieren willst. Schreibe jeden Buchstaben des Namens ganz bewusst und spüre, wie du dich mit der Energie der Person verbindest. So kannst du auch mit Ortsnamen vorgehen, mit den Namen von Ereignissen oder auch mit Fragen. Während du diese Worte niederschreibst, bitte den *Geist*, dir Botschaften über sie zu senden.

5. Bringe dich mit der Meditation aus dem ersten Teil in einen meditativen Zustand.

6. Setze den Stift aufs Papier. Wenn du merkst, dass du eher bewusst schreibst als dich beim Schreiben leiten zu lassen, oder dass du immer schon einen Schritt vorausdenkst, solltest du kurz innehalten und dich sammeln. Denk daran: Du willst beobachten, nicht interagieren!

7. Wenn es dir zunehmend schwerer fällt, die Konzentration aufrechtzuerhalten, ist es Zeit, das Schreiben zu beenden. Je mehr Übung du hast, desto ausdauernder wirst du werden.

Im Lauf der Zeit werden die Sitzungen, in denen du in einer meditativen Haltung automatisches Schreiben praktizierst, immer länger werden, aber dafür ist Training erforderlich! Versuche, geduldig mit dir selbst zu sein.

NACHBEREITUNG

Führe die oben genannten Schritte durch und übe dich im automatischen Schreiben. Notiere dann deine Antworten auf die folgenden Fragen und denke dabei über deine Erfahrungen nach:

✦ Was hat mich vom Schreiben abgelenkt?
✦ Was hat mich während des Schreibens beschäftigt?
✦ Wie hat es sich angefühlt, wenn meine Hand sich mühelos über das Papier bewegt hat?
✦ In welchen Momenten bin ich während des geführten Schreibens in einen natürlichen Flow gekommen?
✦ Was habe ich in besonders hellen Momenten gesehen oder gedacht?

Übung 17
EINE ABSICHT MANIFESTIEREN

Alles ist Energie. Alle deine Gedanken, deine Absichten und Gefühle geben Schwingungen ab. Diese Schwingungen ziehen günstige Gelegenheiten, Ereignisse und Menschen an, die deine Lebenswirklichkeit bilden. Wenn du verstehst, wie diese Energien wirken, und sie gezielt einsetzt, anstatt gegen sie zu arbeiten, kannst du diese unerschöpfliche Kraftquelle bestmöglich nutzen. Dann ist nichts mehr von dem, was dir in diesem Leben zugedacht ist, unerreichbar.

VORBEREITUNG

Wenn du deine Wünsche verwirklichen willst, musst du dir zuvor klarmachen, was genau du willst, und eine entsprechende Absicht formulieren. Diese Absicht sollte sich auf ein allgemeines Ziel oder ein allgemeines Gefühl beziehen. Sie sollte spezifisch sein, aber nicht zu spezifisch, sodass du die Botschaft auf allen denkbaren Wegen erhalten kannst.

Tipps für das Manifestieren einer Absicht

- ✦ Benenne das, was du willst, und nicht das, was du nicht willst, und sage etwa: »Ich bin wohlhabend.«
- ✦ Formuliere deinen Wunsch so, als hätte er sich schon verwirklicht; zum Beispiel: »Mein Leben ist von Liebe erfüllt.«

- ✦ Beginne den Satz mit »Ich bin« oder »Ich kann«; etwa: »Ich bin in meinem Beruf erfolgreich und zufrieden.«
- ✦ Vermeide die Formulierung »Ich will versuchen«. Statt »Ich will versuchen, offen und positiv zu sein«, sage: »Ich bin offen und positiv.«
- ✦ Bringe deine Dankbarkeit zum Ausdruck und sage etwa: »Ich bin dankbar für die Freundschaften in meinem Leben / Ich bin von Menschen umgeben, denen an meinem Wohlergehen liegt.«
- ✦ Formuliere so, dass du selbst an deine Worte glauben kannst, zum Beispiel: »Ich bin offen für Liebe / Ich bin bereit, Wohlstand zu empfangen.«
- ✦ Halte dir deine Absicht im Alltag stets vor Augen. Achte in Gesprächen und Selbstgesprächen auf deine Worte; dann wird aus »Ich weiß nicht, wie das geht« zum Beispiel »Ich kann Neues lernen!«

Wenn du deine Absicht formuliert hast, schreibe sie auf Post-it-Zettel und bringe diese überall dort an, wo du sie im Alltag siehst: im Auto, am Badezimmerspiegel oder am Computer im Büro.

Für die folgende Übung brauchst du darüber hinaus einen Blumentopf, Erde sowie eine Pflanze, einen Setzling oder ein paar Samen.

Eine Absicht hegen und pflegen – Schritt für Schritt

1. Notiere deine Absicht auf einem kleinen Stück Papier.
2. Stecke den Zettel zusammen mit der Pflanze, dem Setzling

oder den Samen in die Erde des Blumentopfes und sprich dabei deine Absicht liebevoll laut aus.

3. Platziere den Topf so, dass du ihn jeden Tag siehst, und kümmere dich so um den Setzling wie um alle anderen Pflanzen in deiner Wohnung.

Jedes Mal, wenn du die Pflanze gießt, sie betrachtest oder dich vergewisserst, dass es ihr gut geht, erfüllst du deine Absicht mit positiver Energie. Du nährst deine Absicht, überantwortest sie der Obhut des Universums, damit sie wächst, und bekräftigst deine Zuversicht, dass sie tatsächlich wachsen wird. Wenn du einen Samen säst, musst du der Natur Zeit geben, damit er sprießt und wächst. Und wenn du eine Absicht pflanzt, musst du sie dem Universum überlassen, sodass sie in Liebe und Vertrauen wachsen kann.

Während die Pflanze heranwächst, sprich deine Absicht regelmäßig laut aus und bekunde deine Dankbarkeit dafür, dass sie Wirklichkeit geworden ist. Das kostbarste Geschenk dieser Übung besteht darin, dass du, wenn sich dein Wunsch erfüllt, feststellen wirst, dass du dich schon längst darauf eingestellt hast. Wenn er in dein Leben tritt, wirst du bemerken, dass du ihn schon lange, bevor er sich verwirklicht hat, gespürt hast.

Achte auf dein Ego

Vermutlich neigst du stark dazu, deinem Ego Raum zu geben, und glaubst, anderenfalls könntest du niemals ein glückliches und erfülltes Leben führen. Doch von dieser Vorstellung musst du dich befreien. Auf Abstand gehalten zu werden, ist für das menschliche Ego außerordentlich schwer. Wenn du einen Samen aussäst, kannst du das, was für das Wachstum der Pflanze erforderlich ist, nicht alles selbst tun. Es gibt auch Dinge, die nur die Kraft von etwas erledigen kann, das größer ist als du. Würdest du den Samen jeden Tag ausgraben, um ihn zu betrachten, könnte er sich nicht entwickeln. Dasselbe gilt für deine Absichten. Um dich von deinem Ego zu lösen, kann es dir helfen, wenn du ein Mantra wiederholst, wie etwa »Ich öffne mich dem Frieden«.

Natürlich wirst du über diese Übung hinaus auch manchmal anderweitig tätig werden müssen, um deine Wünsche zu verwirklichen. Wenn du etwa eine neue Stelle suchst, musst du deine Unterlagen zusammenstellen und dich auf Bewerbungsgespräche vorbereiten. Wenn du eine neue Beziehung suchst, musst du Menschen treffen und dabei auch peinliche Situationen überstehen. Manchmal wirst du das Gefühl haben, in eine Sackgasse geraten zu sein. Dann musst du deine Strategie ändern. Ganz ohne etwas Aufwand und Mühe wird es also nicht gehen.

NACHBEREITUNG

Führe die oben genannten Schritte durch, um eine bestimmte Absicht zu pflegen und deine übersinnlichen Kräfte der Manifestation zu stärken. Notiere dann deine Antworten auf die folgenden Fragen und denke dabei über deine Erfahrungen nach:

- ✦ Welche Absicht verfolge ich?
- ✦ Wie kann ich sie am besten positiv und offen formulieren?
- ✦ Wie habe ich mich gefühlt, als ich meine Absicht gepflanzt habe?
- ✦ Auf welche Weise fühle ich mich bei der Pflege meiner Pflanze mit meiner Absicht verbunden?
- ✦ Mit welchen Gefühlen und Empfindungen umgebe ich mich, während ich meine Absicht hege und pflege?
- ✦ In welcher Hinsicht sollte ich mich vom Ergebnis frei machen?

Übung 18
EIN EDELSTEIN FÜR DIE ÜBERSINNLICHE ARBEIT

Wegen ihrer Schönheit und ihrer Symbolträchtigkeit werden Edelsteine schon immer hoch geschätzt. Man geht davon aus, dass sie bestimmte Eigenschaften besitzen, aufgrund derer sie mit Schwingungen erfüllt sind, die sich verschieden ausrichten können. Jedem Edelstein wohnt eine bestimmte Eigenschaft inne, und diese Eigenschaften helfen uns, die Ziele zu erreichen, die wir uns im Leben und für die übersinnliche Arbeit gesetzt haben. Sie können unsere Absichten in sich tragen, uns an Gelerntes erinnern, oder die Grenzen verkörpern, die uns Schutz und Sicherheit bieten, und vieles mehr.

Wenn du dir einen Edelstein für deine übersinnliche Arbeit aussuchst, wird dich ein bestimmter Stein auf unerklärliche Weise anziehen, und das nicht nur seines Aussehens wegen. Möglicherweise wirst du dich intuitiv zu bestimmten Steinen hingezogen fühlen. Wenn du zulässt, dass der Stein dich aussucht, kannst du auf neuartige Weise mehr über dich selbst erfahren sowie darüber, mit welchen Themen du dich vielleicht beschäftigen solltest. Wenn du dich bei der Auswahl eines Steines von deiner Intuition leiten lässt, hilft dir das, den Blick nach innen zu lenken und dein übersinnliches Wachstum zu vertiefen.

VORBEREITUNG

Jetzt, da du dich schon länger mit dem Übersinnlichen beschäftigst, kennst du vielleicht schon einen Laden in deiner Nähe, der rohe und polierte Edelsteine verkauft. Vergewissere dich, dass die Steine, die du verwendest, unter fairen Bedingungen abgebaut und gehandelt wurden, denn dann erfüllen sie ihren Zweck spürbar besser. Und du solltest beim Kauf für alles offen sein und dich deiner Intuition überlassen.

Wenn du kein Geschäft in der Nähe hast, kannst du Edelsteine auch im Internet kaufen; es gibt zahlreiche vertrauenswürdige Online-Shops.

Einen Edelstein aussuchen – Schritt für Schritt

1. **Beim Kauf im Geschäft:** Öffne dich und beruhige dein Inneres, atme gleichmäßig und sei ganz im Augenblick.
2. Betrachte die Edelsteine und lass sie auf dich wirken. Nimm sie ganz subjektiv wahr. Versuche, nicht auf ihr Äußeres zu achten, sondern auf das, was sie in dir auslösen. Vielleicht fällt dir ein bestimmter Stein besonders ins Auge.
3. Hinterfrage diese intuitive Neugier nicht, sondern überlege, wie du mit diesem Stein in Beziehung treten willst. Du solltest dich inspiriert fühlen und ein Interesse verspüren, und es sollte sich anfühlen, als würdest du den Stein bereits kennen. Eine solche Begegnung kann sich auch so anfühlen, als würde jemand dich in einem Raum voll fremder Menschen plötzlich beachten. Den Edelstein zu finden, der sich dich aussucht, ist so, wie eine neue Freundschaft zu schließen.

4. Wenn du das Gefühl hast, ein bestimmter Stein ist der richtige, dann nimm ihn in die Hand. Achte darauf, wie er sich in deiner Hand anfühlt. Vielleicht verspürst du Belastung oder Anerkennung. Informiere dich, wofür der Stein normalerweise verwendet wird und wobei seine Eigenschaften helfen. Das sind Hinweise darauf, was du jetzt im Leben gerade brauchst. Indem du zulässt, dass der Edelstein dich aussucht, kannst du erfahren, was er dir über die Absichten sagt, auf die du dich möglicherweise konzentrieren solltest.

5. **Beim Kauf im Internet:** Beschränke dich auf einen Online-Shop für Edelsteine, von dem du das Gefühl hast, er ist der richtige.

6. Sieh das Angebot durch und achte darauf, welche Steine dich anziehen. Das sind vielleicht nicht unbedingt die schönsten, sondern vielleicht solche, die eine Frage in dir auslösen.

7. Wenn dich ein Edelstein fesselt, halte bei seiner Abbildung inne und stell dir vor, wie du ihn vom Bildschirm weg und in die Hand nimmst. Fühlt er sich in irgendeiner Weise »richtig« an? Erspüre mit den Fingern seine Beschaffenheit und visualisiere ihn mit dem dritten Auge (siehe hierzu die Übung »Das dritte Auge öffnen«), drehe ihn in der Hand und betrachte ihn aus der Nähe.

8. Nach dem Kauf kannst du ein paar Tage warten, bevor du entscheidest, wie du den Stein verwendest. Wenn du möchtest, kannst du ihn programmieren (siehe die Übung »Einen Edelstein programmieren«), um besser zu verstehen, was er für dein Leben und deine spirituelle Entwicklung bedeutet. Edelsteine treten für gewöhnlich in unser Leben, um in diesem Moment eine ganz bestimmte Funktion zu erfüllen.

Wenn ein Edelstein zu dir kommt, mache dir Gedanken darüber, welche Funktion das sein könnte.

9. Du kannst die Verbindung zu deinem Edelstein stärken, indem du jemanden bittest, ihn in einem Raum zu verstecken, und ihn dann suchst. Dabei kannst du die Tipps aus der Übung »Fernwahrnehmung« verwenden. Zwischen dir und deinem Stein besteht eine ganz spezielle Bindung, die diese Übung erleichtert.

NACHBEREITUNG

Führe die oben genannten Schritte durch und suche dir einen Edelstein für deine übersinnliche Arbeit aus. Notiere dann deine Antworten auf die folgenden Fragen und denke dabei über deine Erfahrungen nach:

+ Wie hast du dich gefühlt, als du den Laden betreten hast oder auf die Website gegangen bist?
+ Auf welche Weise hat dich gerade dieser bestimmte Stein angezogen?
+ Welche Bedeutung hat der Stein, den du ausgesucht hast?
+ Welche Verbindung besteht zwischen dieser Bedeutung und deinem gegenwärtigen Leben?
+ Welche Energien spürst du in deinem Körper, wenn du den Stein in der Hand hältst?

Übung 19
FOTOS ENERGETISCH LESEN

Warum hast du neulich auf diesem Dating-Portal die Fotos nach links oder rechts gewischt? Warum ist es dir leichter gefallen, dir einen Zahnarzt zu suchen, als du dir Fotos von den Zahnärzten in deiner Nähe angesehen hast? Wir nehmen laufend die Energien von Bildern wahr und reagieren auf sie – und wissen dabei gar nicht, dass es sich hier um eine übersinnliche Fähigkeit handelt!

Ein Foto fängt das Wesen eines Menschen ein, seine ganze Persönlichkeit, und manchmal auch seine Absichten und das, was ihn antreibt. Wenn du dir die Zeit nimmst, die Energie eines Fotos auf dich wirken zu lassen, kannst du sehr vieles erspüren, was dir später dabei helfen wird, Entscheidungen zu treffen. Dann kannst du auch leichter erfassen, welche Rolle die jeweilige Person in deinem Leben spielt oder spielen könnte. Und du kannst deine Energie an die der Person anpassen und überprüfen, ob ihr in dieser Hinsicht zusammenpasst.

VORBEREITUNG

Bitte für diese Übung eine Freundin um Hilfe, die aufgeschlossen ist und dich gern in deiner spirituellen Entwicklung unterstützt. Bitte sie, dir ein Foto einer Bekannten zu zeigen. Es sollte gut ausgeleuchtet und nicht mit Filtern bearbeitet sein, und die Augen sollten gut zu sehen sein. Porträts, Bewerbungsfotos oder Bilder, die bei bestimmten Anlässen wie Hochzeiten oder Abschlussfeiern entstehen, sind weniger gut geeignet, denn möglicherweise verströmen sie verfälschte Energien, weil die betreffende Person an dem Tag unter Stress stand.

Ein Bild energetisch lesen – Schritt für Schritt

1. Betrachte das Foto aufmerksam und achte darauf, was dir deine Empfindungen über die Person sagen. Würdest du dich an sie wenden, wenn dich jemand verletzt hat? Ist diese Person eine überzeugende Führungspersönlichkeit? Übt sie gerne Macht aus? Versteht sie Spaß? Wäre sie an dem interessiert, was dich bewegt?
2. Wenn du dir vorstellst, wie die Person mit dir umgehen und was sie in dir auslösen würde, wenn du dich ihr gegenüber verletzlich zeigen würdest, dann kannst du ihre Energie erfassen. Indem du das Foto betrachtest, dir die oben genannten Fragen stellst und aufmerksam in dich hineinhörst, kannst du eine Menge herausfinden.

Weitere Fragen beim Betrachten eines Fotos

✦ **Erinnert dich die Person an jemanden?** Wenn ein Mensch dich – auch nur entfernt – an jemanden erinnert, den du kennst, ist das nicht einfach nur Zufall, und es liegt auch nicht daran, dass deine Gedanken abschweifen. Der *Geist* legt Bilder übereinander, um dir Parallelen aufzuzeigen. Wenn jemand auf einem Foto dich an die exzentrische Mutter deiner besten Freundin aus der Schulzeit erinnert, haben diese beiden Personen wahrscheinlich vieles gemeinsam.

Achte auf deine Emotionen

Wenn du dich bleischwer fühlst oder dir schlecht wird, hat die Person auf dem Foto möglicherweise toxische Züge. Wenn du dich unbeschwert und glücklich fühlst, kann das gegenteilige Eigenschaften anzeigen. Beim Betrachten des Fotos einer Person können sich auch körperliche Empfindungen einstellen. Wenn eine bestimmte Körperregion deine Aufmerksamkeit auf sich zieht, sagt das vielleicht etwas über gesundheitliche Probleme der Person aus. Wenn du nervös oder ängstlich wirst, erlebst du vielleicht den Stress, den die Person gegenwärtig im Leben hat.

✦ **Sieht die Person wie ein Popstar aus, wie eine historische Persönlichkeit oder wie eine Figur aus einem Roman?** Sieht dieser junge Mann exakt so aus wie Harry Potter? Dann hat er vielleicht, so wie die Romanfigur, Probleme mit der Familie oder sogar ein schwerwiegendes Trauma, das aus familiären Beziehungen stammt. Wenn du diese Frau siehst, denkst du an eine berühmte Popsängerin oder an eine ehemalige Regierungschefin? Durch solche Bezüge machen dich deine Geistführer auf Parallelen und Symboliken aufmerksam. Die Anzeichen hierfür sind kein bloßer Zufall, sondern gezielte Hinweise, mit denen dir der *Geist* wichtige Informationen übermittelt.

♦ **Spürst du Schwingungen, die dir etwas über Beziehungen sagen?** Hast du das Gefühl, dass die Person eine mütterliche Energie verströmt? Wenn es ein Familienfoto ist – könntest du sagen, welches der Geschwister das älteste ist? Der *Geist* weist uns oft auf die Dynamik innerhalb einer Familie hin. Wenn du das Gefühl hast zu wissen, welches der Geschwister das älteste ist, oder wenn eines besonders mütterlich auf dich wirkt, teilt dir der *Geist* dadurch vielleicht mit, was sich hinter dem äußeren Anschein des Fotos verbirgt.

Achte auf dein Ego

Wenn du ernsthaft übersinnlich arbeitest, musst du vermeiden, Äußerlichkeiten mystisch zu überhöhen; das entspricht nicht der spirituellen Praxis. Es ist ganz normal, dass du Alter, Hautfarbe, Kleidung und die allgemeine Erscheinung eines Menschen registrierst, aber achte darauf, dass du hinter das Bild blickst, das jemand abgibt, und dass du das wahre energetische Selbst der Person erkennst. Verharre nicht beim Offensichtlichen, sondern spüre die Emotionen, die Schwingungen und das Wesen der ganzen Person. Um das zu beherrschen, braucht es viel Übung, und du wirst feststellen, dass kaum jemand so ist, wie er oder sie zu sein scheint.

NACHBEREITUNG

Führe die oben genannten Schritte durch und versuche, ein Foto »energetisch zu lesen«. Frage anschließend nach und überprüfe, ob du mit deinen Einschätzungen richtig liegst. Notiere dann deine Antworten auf die folgenden Fragen und denke dabei über deine Erfahrungen nach:

- ✦ Was habe ich beim Betrachten des Bildes empfunden?
- ✦ An welchen Stellen konnte ich meine eigenen Gefühle von einer anderen Energie unterscheiden?
- ✦ Welche Fragen haben mir am meisten dabei geholfen, das Bild energetisch zu lesen?
- ✦ Was empfinde ich mit Bezug auf die Person, nachdem ich ihr Foto energetisch gelesen habe?
- ✦ Was hat mich während dieser Übung überrascht?

Übung 20
BOTSCHAFTEN VON GEGENSTÄNDEN

Hattest du schon einmal ein altes Schmuckstück in der Hand und dabei das Gefühl, dass du mehr als nur den Gegenstand in der Hand hältst? Jedes Objekt besitzt Energie, und je emotionaler (das heißt: je persönlicher) ein Objekt ist, desto stärker sind die Schwingungen, die es aussendet. Wenn wir uns für diese Schwingungen sensibilisieren, können wir sie interpretieren. Diese übersinnliche Fähigkeit, einen Gegenstand zu »lesen« und die Geschichte, die er in sich trägt, zu erkennen, heißt Psychometrie. Menschen, die ihre übersinnlichen Kräfte entwickelt haben, nehmen den Gegenstand dabei in die Hand oder halten ihn an ihr drittes Auge. Dann nimmt man sofort bestimmte Geschmäcker oder Gerüche wahr, man sieht Bilder oder verspürt bestimmte Emotionen, die mit dem Gegenstand in Verbindung stehen. Wenn du den Geldbeutel eines verstorbenen Verwandten in der Hand hältst, bekommst du vielleicht einen Eindruck von seinem Alltag. Wenn du ein Hochzeitskleid aus einem Schrank nimmst, siehst du vielleicht ganz deutlich Szenen des Hochzeitstages vor dir und hast die Gedanken und spürst die Gefühle, die die Person hatte, die es damals getragen hat.

Je länger du übst, desto öfter wirst du die einzigartigen Geschichten hören, die die Gegenstände zu erzählen haben. Metall transportiert spirituelle Botschaften und Energien, die sich vor langer Zeit eingeschrieben haben, besonders gut. Daher bietet

Schmuck, der häufig getragen wurde, besonders viele Möglichkeiten der Interpretation. Viele Leute verwenden Psychometrie, um geliebte Menschen mit Verstorbenen zusammenzubringen oder offene Fragen zu beantworten.

VORBEREITUNG

Besorge dir für diese Übung ein Schmuckstück, über das du nichts weißt, das aber einem Menschen sehr wichtig und lieb ist. Am besten fragst du eine Freundin oder eine Verwandte, jemanden, zu dem du eine starke Bindung hast und der dich bereitwillig in deiner spirituellen Entwicklung unterstützt. Diese Person sollte das Schmuckstück kennen, das sie dir zur Verfügung stellt, und dir sagen können, ob die Energien, die du verspürst, mit denen des Schmuckstücks übereinstimmen. Am besten schreibt sie auf, was du über den Gegenstand sagst, sodass du es später nachlesen und noch einmal darüber nachdenken kannst.

Einen Gegenstand interpretieren – Schritt für Schritt

1. Bringe dich mit der Meditation aus dem ersten Teil oder deiner Lieblingsmeditation in einen meditativen Zustand.
2. Schließe die Augen. Lass dir nun von der anderen Person den Gegenstand in die Hände legen. Dabei ist wichtig, dass du ihn nicht ansiehst, vor allem nicht die ersten Male, wenn du diese Übung machst. Wenn du ihn physisch siehst, kann

das deine Fähigkeit mindern, den Gegenstand in seiner energetischen Erscheinung zu sehen.

3. Stell dich dem Gegenstand und seiner Energie vor, indem du
   ihn sanft in der Hand hältst und ihn begrüßt (entweder im
   Stillen oder mit laut ausgesprochenen Worten), so wie du
   auch einen Menschen begrüßen würdest. Du wirst mit ihm
   sprechen, und Höflichkeit erleichtert jede Konversation. Die
   empfindsame Verbindung, die du aufbaust, ermöglicht es,
   starke Botschaften zu übertragen.

4. Sorge dafür, dass jemand mitschreibt oder aufnimmt, was
   du sagst.

5. Aktiviere dein drittes Auge (mehr hierzu findest du in den
   Übungen »Das dritte Auge öffnen« sowie »Die Chakren
   ausgleichen«) und warte ab, was sich dir zeigt. Sprich aus,
   was du siehst, ohne dich selbst zu zensieren. Auch wenn
   du nichts siehst, sage, dass du noch nichts siehst. Wenn du
   dein Halschakra auf diese Weise öffnest, wird der *Geist* deine
   Stimme leiten.

6. Wenn du freiheraus sprichst, wirst du »Visionen« haben. Es
   ist nicht schlimm, wenn sie anfangs flüchtig und verschwommen sind. Beschreibe sie einfach nur. Vielleicht verstehst
   du anfangs nicht alles, was du von dem Gegenstand wahrnimmst. Deine Aufgabe besteht nur darin, alles zu berichten,
   ob es nun Sinn ergibt oder nicht.

7. Richte die Aufmerksamkeit auf alle deine Sinne und achte
   darauf, was du von dem Gegenstand empfängst. Riechst oder
   schmeckst oder fühlst du irgendetwas? Vielleicht verspürst
   du an manchen Körperstellen einen Schattenschmerz, oder
   es fühlt sich so an, als würde eine Decke darübergebreitet.
   Beobachte auch deine Emotionen. Wie fühlt es sich an, den

Gegenstand in der Hand zu halten? Sehnst du dich nach jemandem, den du kaum kennst? Vielleich verspürst du auch Freude oder fühlst dich verliebt.

Beende die Übung, indem du der Energie dankst, die den Gegenstand umgibt. Lass die Visionen schwächer werden und sammle deine Energie wieder in dir.

Direkt im Anschluss kannst du die Aufzeichnungen lesen oder die Aufnahmen anhören, die währenddessen gemacht wurden, über sie nachdenken und sie (wenn dir das hilft) in eine schriftliche Form bringen.

NACHBEREITUNG

Führe die oben genannten Schritte durch und interpretiere einen Gegenstand. Notiere dann deine Antworten auf die folgenden Fragen und denke dabei über deine Erfahrungen nach:

✦ Was habe ich empfunden, als mir der Gegenstand in die Hände gelegt wurde?
✦ Wie lange hat es gedauert, bis ich etwas »gesehen« und »gespürt« habe?
✦ Wie sind diese Visionen und Empfindungen aufgetaucht?
✦ Wann folgten meine Empfindungen immer schneller aufeinander?
✦ Wann wurde dieser Strom wieder langsamer?

Übung 21
HANDLESEN

Glaubst du, dass deine Persönlichkeit, dein Schicksal und dein Liebesglück in deine Handflächen eingeschrieben sind? Die Handlesekunst ist sehr alt und besteht darin, an den Linien in den Handflächen eines Menschen seine Stärken und Schwächen sowie seinen künftigen Lebensweg abzulesen. Insofern zeigt sie auch Potenziale auf, die noch in einer Person schlummern. Wenn du jemandem durch Handlesen Selbsterkenntnis verschaffst, ermöglichst du ihm, sich mit seinem Selbst zu verbinden und die Blockaden zu erkennen, die ihn möglicherweise daran hindern, seinen Weg zu gehen.

VORBEREITUNG

Vor dem Handlesen solltest du dir immer ein Notizbuch bereitlegen. Darin kannst du das, was du siehst, aufschreiben und in Zeichnungen festhalten und so erkennen, womit du dich noch beschäftigen musst. Dabei lernst du nicht nur, welche Linien es gibt und was sie bedeuten, sondern auch, sie auf eine Weise zu interpretieren, die dem anderen hilft und ihm Anregungen verschafft.

Handlesen – Schritt für Schritt

Am besten übst du erst an deiner eigenen Hand. Betrachte deine rechte Hand und deute sie mithilfe der unten stehenden

Erläuterungen. Halte in deinem Notizbuch fest, was du siehst und worüber du noch mehr lernen musst. Später kannst du dann mit Freiwilligen weiter üben.

Hauptlinien

✦ **Kopflinie (mittig, quer über die Handfläche).** Diese Linie sagt etwas über deine Verstandeskraft aus, über deine geistige Gesundheit und dein emotionales Wohlbefinden. Ist sie deutlich und flach und hat keine Unterbrechungen, so zeigt das an, dass du logisch und ohne Umwege denkst. Eine lange Kopflinie weist darauf hin, dass du Informationen gut behältst und Freude am lebenslangen Lernen hast. Ist die Kopflinie kurz, so heißt das, dass du Entscheidungen schnell und impulsiv triffst. Ist sie tief, so hast du ein gutes Gedächtnis; eine schwach ausgeprägte Linie bedeutet das Gegenteil.

✦ **Herzlinie (verläuft quer über das obere Ende der Handfläche).** Die Herzlinie steht für die verschiedenen Aspekte der Liebe in deinem Leben: die Liebe zu dir selbst, deine Art zu lieben sowie dafür, welche Arten von Beziehungen dich besonders berühren. Eine gebogene Herzlinie weist darauf hin, dass du in Beziehungen fürsorglich und empathisch bist. Ist sie nicht oder nur wenig gebogen, bist du in Liebesangelegenheiten eher passiv. Eine lange Herzlinie zeigt an, dass du in Zukunft noch mehr Liebeserfahrungen machen wirst, eine kurze weist darauf hin, dass du in dieser Hinsicht weniger Abwechslung brauchst. Verläuft die Herzlinie parallel zur Kopflinie, so behältst du in Liebesdingen stets die Kontrolle über deine Emotionen und lässt dich nicht von den Sehnsüchten deines Herzens davontragen.

+ **Lebenslinie (vertikal, entlang des Daumenballens).** Die Lebenslinie beschreibt deine Vitalität sowie die Begeisterung, mit der du dein Leben lebst. Ihre Länge sagt aber nichts darüber aus, wie lange du lebst! Von Bedeutung sind vielmehr ihre Tiefe, ihre Beschaffenheit sowie Unregelmäßigkeiten im Verlauf. Besteht sie am oberen Ende aus mehreren Strängen oder ist sie unterbrochen, hattest du einen schwierigen Start ins Leben. Wie weit sich die Linie in die Handfläche hinein erstreckt, zeigt an, wie abenteuerlustig du bist. Wer eine lange Lebenslinie hat, erholt sich schnell von Schicksalsschlägen.

+ **Schicksalslinie (vertikal, neben der Lebenslinie, in Richtung des Mittelfingers).** Die Schicksalslinie sagt etwas darüber aus, wie die Gesellschaft, das Weltgeschehen und das allgemeine Schicksal der Welt dich auf deinem Lebensweg beeinflussen. Sie spricht von all dem, was dir widerfährt und worüber du keine Kontrolle hast. Achte darauf, wo sie beginnt. Beginnt sie am Handgelenk, so bedeutet das, dass du viele Leute kennenlernen wirst, etwa weil du einen Beruf hast, in dem du viel mit Menschen zu tun hast. Beginnt sie an der Kopflinie, so kann das bedeuten, dass das Wichtige in deinem Leben erst in späteren Jahren geschieht.

Nebenlinien

+ **Venusgürtel (über der Herzlinie, unterhalb von Mittel- und Ringfinger).** Ist diese Linie stark ausgeprägt, dann verfügst du über die bewundernswerte Fähigkeit, dich mit Menschen auf spirituelle Weise zu verbinden. Du besitzt eine ausgesprochen hohe emotionale Intelligenz und kannst sie bestmöglich zu deinem Vorteil nutzen.

- ✦ **Intuitionslinie (vertikal, leicht geschwungen, etwas unterhalb des kleinen Fingers).** Die Intuitionslinie lässt erkennen, wie stark du mit deiner Intuition verbunden bist. Ihr Vorhandensein zeigt an, dass du ein natürliches Medium bist sowie ein Sprachrohr für spirituelle Stimmen und Botschaften.
- ✦ **Raszetten (am Handgelenk).** Diese Linien sind Indikatoren für Gesundheit und Wohlstand! Die meisten Menschen haben drei solcher Linien. Mehr als drei stehen für ein äußerst erfülltes Leben. Sind es weniger als drei, so kann das bedeuten, dass du dir dein Glück hart erarbeiten musst und dass es dir schwerfällt, mit dem, was du hast, zufrieden zu sein.

NACHBEREITUNG

Führe die oben genannten Schritte durch und übe dich im Handlesen. Notiere dann deine Antworten auf die folgenden Fragen und denke dabei über deine Erfahrungen nach:

- ✦ Hast du beim Betrachten der Handfläche eines anderen Menschen noch weitere Energien gespürt?
- ✦ Nachdem du dich eine Weile mit Handlinien beschäftigt hast: Welche Verbindungen siehst du zwischen ihnen?
- ✦ Mit welchen Linien musst du dich noch eingehender beschäftigen?

Übung 22
EINEN EDELSTEIN PROGRAMMIEREN

Wir alle brauchen Beistand im Leben. Während wir durch das Meer des Lebens auf unsere Ziele zusteuern, müssen wir immer wieder daran erinnert werden, wie viel Energie in uns steckt und welche Absichten wir im Herzen tragen. Wenn es in deinem Leben etwas turbulenter zugeht, kannst du einen Edelstein programmieren, sodass er eine deiner Absichten in sich trägt. So kannst du auf einfache Weise deinen Träumen und Zielen eine feste Form geben. Besonders wenn während der Arbeit mit dem Übersinnlichen die unterschiedlichsten Energien auf dich einströmen, kannst du dich mit der Hilfe von Edelsteinen auf wunderbare Weise stabilisieren, deine Energie erden und dich wieder mit dem verbinden, worum es bei dieser Arbeit geht.

Ein programmierter Edelstein ist ein wirksames Hilfsmittel, um dich an deine Absichten zu erinnern. Wenn du das Gefühl hast, dich selbst oder dein Ziel aus den Augen verloren zu haben, kann dich ein solcher Edelstein auf wunderbare Weise leiten. Mit der Zeit wirst du an den Orten, die dir wichtig sind, immer mehr von diesen Hilfsmitteln haben, und es ist ganz normal, wenn du eine gewisse Zuneigung zu ihnen entwickelst. Sie leisten dir Beistand und sind verlässliche Helfer auf deiner inneren spirituellen Reise.

Edelsteine sind wie dafür gemacht, programmiert zu werden. Jeder Stein besitzt eine eigene molekulare Struktur und seine eigenen Schwingungen, die es ihm ermöglichen, Energien aufzunehmen und weiterzuleiten. Am besten suchst du dir zunächst einen Edelstein, der zu deiner Absicht passt. Rosenquarz etwa hilft in Sachen Liebe und bei emotionalen Heilungsprozessen, und Amethyst wirkt stimmungsausgleichend.

VORBEREITUNG

Wenn du Lust hast, kannst du mit der Übung »Ein Edelstein für die übersinnliche Arbeit« beginnen und dir einen Stein aussuchen. Aber du kannst auch einen Stein nehmen, der sich für jede Absicht eignet, wie etwa Bergkristall, Auraquartz oder Regenbogen-Mondstein. Wenn du einen geeigneten Stein gefunden hast, formuliere eine Absicht. In der Übung »Eine Absicht formulieren« hast du gelernt, wie du eine nützliche Absicht deutlich formulierst. Lies dir bei Bedarf diese Übung noch einmal durch. Notiere deine Absicht auf einem Zettel und setze dich mit deinem Edelstein an einen bequemen Ort, an dem du entspannen kannst. Besonders angenehm kann es im Mondschein oder im Licht der Sonne sein.

Einen Edelstein programmieren – Schritt für Schritt

1. Nimm den Edelstein in die Hand. Erspüre mit den Fingerspitzen seine Konturen und seine Oberfläche und achte dabei besonders auf Details.
2. Sei neugierig auf den Stein. Erspüre, welche Schwingungen er aussendet. Beruhigt er dich? Macht er dich nervös? Geht

von ihm etwas Heilendes aus, oder fragt er dich nach etwas? Besitzt er Kraft und bietet er dir Schutz an, oder ist er sanft und friedlich? Mithilfe dieser Fragen lernst du deinen Edelstein kennen und spürst, wie auch er dich kennenlernt.

3. Wenn du dich dafür bereit fühlst, halte den Stein an dein drittes Auge (die Stelle zwischen den Augenbrauen).

4. Sprich deine Absicht mehrmals laut aus und spüre dabei, wie die Energie deines dritten Auges dem Stein diese Absicht einschreibt. Du programmierst den Stein mit deiner Absicht, indem du ihm deine Sehnsucht und die Bedürfnisse deiner Seele einschreibst. Das ist so, als würdest du diese Sehnsucht aus der Hand geben und sie in dem Edelstein verwahren, der sie sicher aufbewahrt und in Ehren hält. Halte ihn so lange an dein drittes Auge, wie du möchtest. Du wirst es spüren, wenn er vollständig programmiert ist.

5. Wenn du deinen Stein programmiert hast, fühlst du dich wahrscheinlich leichter und innerlich ruhiger. Vielleicht bist du auch aufgewühlt, weil du etwas, das dir so nah und kostbar ist, auf diesen Stein übertragen hast. Vielleicht fühlst du dich wie von einer Last befreit. Der Edelstein trägt jetzt für dich dein Bedürfnis.

6. Wenn du dich verloren fühlst, unausgeglichen oder stark beunruhigt, dann nimm den Stein in die Hand. Dadurch verbindest du dich wieder mit deiner Absicht und den wunderbaren Schwingungen, die sie verbreitet.

Achte darauf, dass dein programmierter Edelstein nicht zu starkem Sonnenlicht ausgesetzt ist und nicht in der Nähe anderer Edelsteine liegt. Jede Art von Edelstein sollte auf eine bestimmte Art gereinigt und aufbewahrt werden.

NACHBEREITUNG

Führe die oben genannten Schritte durch und programmiere einen Edelstein. Notiere dann deine Antworten auf die folgenden Fragen und denke dabei über deine Erfahrungen nach:

✦ Warum habe ich mir gerade diesen Stein ausgesucht?
✦ Wie habe ich mich vor dem Programmieren gefühlt?
✦ Wie habe ich mich nach dem Programmieren gefühlt?
✦ Wie hat sich der Stein während des Programmierens angefühlt?
✦ Welche Bilder habe ich währenddessen gesehen, und welche Emotionen habe ich verspürt?

Übung 23
BOTSCHAFTEN AUS ALTEN FAMILIENFOTOS

Die übersinnlichen Bande, die uns mit unseren Vorfahren verbinden, sind sehr stark und unverbrüchlich. Die Opfer, die unsere Ahnen gebracht haben, und die Energie, die sie zu ihren Lebzeiten freigesetzt haben, damit du davon profitierst, wirken sich noch heute auf dich aus. Diese Bande kannst du nutzen, und besonders gut geht das durch das energetische Lesen alter Familienfotos. Fotos (aber auch Gegenstände) von den Menschen, die dir vorausgegangen sind, verbinden dich mit ihrer Energie. Energie vergeht nicht; sie wechselt nur ihre Form. Die Liebe, die deine Vorfahren in ihren Bestrebungen angetrieben hat, ist eine Energie, die du heraufbeschwören kannst.

Durch übersinnliche Praxis kannst du Kontakt zu Personen im Jenseits aufnehmen. Am leichtesten geht das mit Menschen, zu denen du bereits eine übersinnliche Verbindung hast. Auf diese Weise kannst du mit Familienmitgliedern kommunizieren, die du nie kennengelernt hast, oder mit solchen aus weit zurückliegenden Generationen. Wenn du Fotos von ihnen zur Hand nimmst, kannst du durch Emotionen und Visualisierungen über das dritte Auge Botschaften von ihnen empfangen. Dabei verwendest du all deine Hellsinne und nimmst eine Haltung der Verbundenheit, der Liebe und der Dankbarkeit ein.

VORBEREITUNG

Suche alte Familienfotos und Gegenstände heraus und erinnere dich an Episoden aus dem Familienleben. Wenn du selbst keine Fotos hast, frage Verwandte oder suche auf Webseiten, die Stammbäume verzeichnen, oder in Archiven. Vielleicht musst du dabei ein bisschen tiefer graben und länger nachforschen. Achte in dieser Phase des Forschens und Sammelns darauf, wie du dich fühlst, welche Botschaften du empfängst und auf welche Gedanken du kommst; welche Lieder du im Radio hörst, welche historischen Epochen dich besonders interessieren und welche Namen und Daten dir ins Auge fallen. Sobald du dich auf diesen Weg machst, werden deine Vorfahren zu dir sprechen, deine Aufmerksamkeit auf sich ziehen und sich auf unterschiedliche Weisen Gehör verschaffen.

Wenn du Fotos, Zeittafeln und Gegenstände gesammelt hast, überlege dir, mit welchen Fotos du anfangen möchtest. Möglicherweise interessiert dich zu Beginn ein Zweig deiner Familie ganz besonders. Folge deiner Neugier, denn auf diese Weise wirst du vom *Geist* geleitet. Wenn du Freude empfindest und dich beseelt fühlst – das ist der *Geist*! Es macht nichts, wenn du nichts über die Fotos weißt, die du betrachten willst; bei dieser Übung sammelst du die Informationen erst nach und nach. Überprüfe die Botschaften, die du währenddessen erhältst; dann weißt du, ob du richtig liegst. Am besten notierst du die Erlebnisse, die du während der Übung hast, in einem Notizbuch (damit du sie nicht vergisst) und liest dir noch einmal die Übung »Fotos energetisch lesen« durch.

Wenn du so weit bist, versetze dich in einen meditativen Zustand.

Familienfotos energetisch lesen –
Schritt für Schritt

1. Beginne mit einem Eintrag in deinem »Drei-Wörter-Tage-buch«.

2. Betrachte das Foto und nimm wahr, was dir vor deinem kör-perlichen Auge und vor deinem dritten Auge erscheint (mehr dazu findest du in den Übungen »Das dritte Auge öffnen« und »Die Chakren ausgleichen«). Achte ganz genau darauf, was du körperlich und emotional empfindest, und darauf, wie sich diese Empfindungen verändern. Gilt deine Aufmerksamkeit plötzlich einem bestimmten Familienmitglied? Empfindest du Stolz, oder hast du das Gefühl, etwas verloren zu haben?

3. Frage die Personen auf dem Foto laut nach ihren Namen. Schreibe die Antworten auf – sei es, dass sie dir als Vision erscheinen, als Klang, als Gefühl oder als körperliche Emp-findung.

4. Frage die Personen laut, welche anderen Menschen ihnen wichtig sind. Schreibe die Antworten ebenfalls auf.

5. Jetzt kannst du tiefergehende Fragen stellen, wie etwa »Was hat dich im Leben angetrieben?«, »Welchem Beruf bist du nachgegangen?«, »Hattest du Kinder?«, »Wie bist du ge-storben?«, »Welche Botschaft(en) hast du für mich?«, »Was sollte unsere Familie wissen?«. Weil du zur Familie gehörst, werden sich deine Vorfahren darum bemühen, dir zu erklä-ren, was sie im Leben gemacht haben und warum. Wenn du ihnen Fragen zu diesem Thema stellst, erhöht das die Qua-lität der Botschaften, die du empfängst. Schreibe alles auf, was du als Antwort auf diese tiefergehenden Fragen siehst, empfindest oder hörst.

6. Wenn du fertig bist, kannst du anhand deiner Notizen die Botschaften überprüfen, die du von den Fotos erhalten hast. Ziehe dabei auch das hinzu, was du während der Vorbereitung aufgeschrieben hast. Nach Möglichkeit solltest du nicht mehr als zwei Fotos nacheinander auf diese Art betrachten und lesen. Es kann erschöpfend sein, Nachrichten aus dem Jenseits zu empfangen. Nach der Übung hast du vielleicht das Gefühl, dass deine Vorfahren weiterhin um dich sind. Wundere dich also nicht, wenn sie in Träumen auftauchen, dir während des Tages Symbole schicken oder wenn auf einmal das Gespräch auf sie kommt, wenn du dich mit Verwandten unterhältst, die nichts von deinen Aktivitäten wissen.

NACHBEREITUNG

Führe die oben genannten Schritte durch und öffne dich für Botschaften aus alten Familienfotos. Notiere dann deine Antworten auf die folgenden Fragen und denke dabei über deine Erfahrungen nach:

✦ Was hat während der Übung meine Energie auf sich gezogen?

✦ Wie hat es sich angefühlt, mit der Energie des Bildes verbunden zu sein?

✦ Welche Bilder haben sich mir spontan gezeigt?

✦ Welche allgemeine Botschaft wollen mir meine Vorfahren übermitteln?

✦ Wenn ich meiner Intuition folge – welchem Thema widme ich mich im Rahmen dieser übersinnlichen Praxis als Nächstes?

Übung 24
DER ÜBERSINNLICHE KALENDER

Die Zeit gehört zu unserem weltlichen Dasein – und ist zugleich eine Illusion. Die Vorstellungen, die wir uns von ihr machen – etwa, dass sie linear verläuft –, entsprechen unserem materiellen Körper und nicht unserer ewigen Seele. Unsere Energie ist unerschöpflich, so wie das Universum grenzenlos ist. Wenn wir im Rahmen der übersinnlichen Arbeit bestimmen wollen, wann genau ein Ereignis oder eine Situation eintreten wird, stellen wir uns diesen Zeitpunkt am besten als eine Kombination aus Raum und Energie vor, und nicht als eine bestimmte Stelle auf der Zeitachse. Wenn du herausfinden willst, wann ein Ereignis eintreten wird, oder wenn du Geschehnisse in Gegenwart und Vergangenheit erforschst, begreifst du die Zeit am besten als ein flexibles Phänomen.

Wenn du eine voraussagende Botschaft empfangen hast und sie hinsichtlich des Zeitpunkts konkretisieren willst, kannst du einen »übersinnlichen Kalender« zu Hilfe nehmen. Das bedeutet, dass du mit deinem dritten Auge Daten und Zeitpunkte visualisierst, die du dann bei deiner übersinnlichen Arbeit verwendest. Du kannst in diesem Kalender blättern wie in einem Kalender aus Papier oder in der Kalender-App deines Handys, und du kannst mit seiner Hilfe Fragen beantworten, die sich dir mit Blick auf die Zukunft stellen.

Je länger du dich mit Übersinnlichkeit beschäftigst, desto häufiger wirst du Vorahnungen von kommenden Ereignissen und von Menschen haben, denen du begegnen wirst. Denk immer daran: Du kannst die Dinge, die du siehst, weder steuern noch verändern noch manipulieren, und dass du sie siehst, bedeutet nicht, dass sie eintreten werden. Wichtig ist hierbei auch, dass das Zeitgefühl subjektiv ist und in vollkommenem Einklang mit dem freien Willen steht. Der freie Wille ist in allen übersinnlichen Vorhersagen die Variable. Wir Menschen können uns immer auch anders entscheiden und haben somit die Macht, die Zukunft zu verändern. Daher kann keine Vorhersage für die Zukunft absolut exakt sein, denn durch unsere Entscheidungen beeinflussen wir den Lauf der Dinge.

VORBEREITUNG

In dieser Übung nutzt du das dritte Auge, um zu visualisieren. Daher solltest du zuvor die Übung »Das dritte Auge öffnen« mindestens einmal vollständig durchführen. Nimm dir außerdem Zeit, um zu überlegen, wie dein übersinnlicher Kalender aussehen wird. Du wirst dieses Hilfsmittel bei deiner übersinnlichen Arbeit immer wieder verwenden. Das ist so ähnlich, wie wenn du dir in einem Laden für Bürobedarf einen Kalender aussuchst, der dann auf deinem Schreibtisch stehen soll, nur dass du das jetzt mit deinem dritten Auge machst. In diesem Kalender soll sich deine Persönlichkeit widerspiegeln; stell ihn dir also möglichst detailliert vor, so wie es deinem persönlichen Stil und deinen Vorlieben entspricht.

Diese Übung lässt sich gut mit jeder Art von übersinnlichen Voraussagen kombinieren. Näheres hierzu findest du in der Übung »Langfristige Vorhersagen«. Du kannst beide Übungen gleichzeitig durchführen, denn für die Übung zum übersinnlichen Kalender musst du eine bestimmte Person oder ein Ereignis der Vergangenheit, der Gegenwart oder der Zukunft in den Blick nehmen. Formuliere eine deutliche und unmissverständliche Frage, wann ein bestimmtes Ereignis eintreten wird.

Bringe dich dann in einen meditativen Zustand, entweder mit der Meditation aus dem ersten Teil oder deiner Lieblingsmeditation.

Einen übersinnlichen Kalender erstellen – Schritt für Schritt

1. Schließe die Augen und aktiviere dein drittes Auge, wie in der Übung »Das dritte Auge öffnen« beschrieben.
2. Visualisiere mit dem dritten Auge deinen übersinnlichen Kalender. Spüre, wie du ihn öffnest und die Seiten umblätterst. Am Anfang verschwimmen die einzelnen Seiten vielleicht noch miteinander, als würdest du sie sehr schnell umblättern.
3. Frage laut, welches Jahr es ist, schau dann auf dem Kalender nach oben und achte auf das, was du als Erstes siehst.
4. Sage dem Kalender, das Blättern soll aufhören, und richte die Aufmerksamkeit darauf, wann das Ereignis, um das es dir geht, eintreten wird. Vielleicht siehst du jetzt einen Monat, in dem ein bestimmter Tag eingekreist ist. Vielleicht siehst du auch mehrere Blätter des Kalenders, was dir einen bestimmten Zeitraum anzeigt. Der *Geist* nennt oft auch nur eine Jahreszeit; wenn die Antwort, die du mit dem dritten Auge siehst, zu ungenau ist, kannst du um eine präzisere Angabe bitten. Du kannst etwa fragen: »Im Frühherbst oder im Spät-

herbst?«, und darauf achten, welche Antwort du intuitiv als die richtige empfindest.

Es ist absolut in Ordnung, wenn du dem Kalender weitere Fragen stellst, vor allem, wenn du etwas nicht auf Anhieb verstehst. Du kannst den *Geist* bitten, die Antwort zu wiederholen oder den Zeitpunkt genauer zu benennen. Du kannst fragen, ob er in der Nähe eines Feiertags liegt oder vor oder nach einem wichtigen Ereignis. Du kannst diese Nachfragen öfter stellen und auch zwischen verschiedenen Fragen wechseln. Mit der Zeit werden die Antworten verständlicher werden, und in deinem übersinnlichen Kalender zu blättern wird für dich so normal sein, wie durch einen Kalender aus Papier zu blättern.

NACHBEREITUNG

Führe die oben genannten Schritte durch und entwirf deinen übersinnlichen Kalender. Notiere dann deine Antworten auf die folgenden Fragen und denke dabei über deine Erfahrungen nach:

✦ Wie sieht mein übersinnlicher Kalender aus?
✦ Wie hat er sich bewegt, als ich ihn mit dem dritten Auge visualisiert habe?
✦ Welche Fragen habe ich gestellt?
✦ Habe ich mit einer Frage um Klärung gebeten? Wie lautete diese Frage?
✦ Was habe ich gesehen, als mein Kalender aufgehört hat, sich zu bewegen?

Übung 25
ASTRALREISEN

Wie würde es sich anfühlen, wenn du dich aus deiner materiellen Gestalt lösen und die Welt um dich herum erkunden könntest? Wenn du keinen Einschränkungen mehr unterliegen würdest wie etwa Raum und Zeit? Mit einer Astralreise kannst du diesen Beschränkungen entkommen und an jeden beliebigen Ort und jeden beliebigen Zeitpunkt reisen!

Viele Kulturen kennen die Vorstellung, mit dem »Astralkörper« in die »Astralebene« zu reisen. Der Astralkörper ist ein bewusster Raum zwischen dem physischen Körper und dem Seelenkörper. Die Astralebene ist eine Daseinsebene, die mit dem physischen Körper nicht zu erreichen ist, mit dem Astralkörper jedoch schon. Dadurch werden außerkörperliche Erfahrungen möglich, und du kannst mit höheren Bewusstseinsebenen kommunizieren. Die Vorstellung, dass wir mehr sind als die materiellen Erfahrungen, die uns an die dreidimensionale Wirklichkeit binden, ist faszinierend und inspirierend. Astralreisen verschaffen uns neue Perspektiven und stärken unsere Bindung ans Universum. Auf der Astralebene können wir uns mit dem Höheren Selbst von Menschen verbinden, die eine Rolle in unserem Leben spielen, Verstorbene können uns erscheinen, und wir können mit unseren Geistführern in Kontakt treten. Wir können die Vergangenheit, die Gegenwart und die Zukunft besuchen und Ereignisse von einem universellen Standpunkt aus »sehen«.

Wenn du schon einmal schweißgebadet aus dem Schlaf hochgefahren bist und großen Durst hattest, dann hast du zuvor vielleicht gerade eine Astralreise gemacht. Viele Menschen tun unabsichtliche Astralreisen als aufgewühlte, realistische Träume ab. In der folgenden Übung wirst du gezielt in die Astralebene reisen.

VORBEREITUNG

Um eine Astralreise durchzuführen, musst du erst ein paar andere Fähigkeiten verfeinern. Du solltest absolut sicher darin sein, zu meditieren und dein Bewusstsein mit deinem Höheren Selbst zu verbinden. Wenn du das mühelos und nachhaltig beherrschst, bist du bestens für eine Astralreise vorbereitet.

Auch Edelsteine können dir dabei helfen, den Einklang herzustellen, der für die tiefe Trance nötig ist, in der eine Astralreise stattfindet. Nimm einen oder zwei Edelsteine zur Hand, die die in deinem Inneren für Frieden und Wohlbefinden sorgen. Labradorit und Citrin eignen sich hierzu besonders gut. Labradorit fördert Introspektion und Abenteuerlust, und Citrin wehrt negative Energien ab und sorgt für eine optimistische Einstellung. (Siehe hierzu auch die Übung »Ein Edelstein für die übersinnliche Arbeit«.)

Zur Vorbereitung auf eine Astralreise solltest du dir auch angewöhnen, deine Träume aufzuschreiben. Wenn du deine Traumerlebnisse festhältst und über sie nachdenkst, wirst du die Unterschiede zwischen normalen Träumen, luziden Träumen (das sind Wachträume, deren Inhalt man steuern kann) und Astralreisen immer deutlicher erkennen.

Astralreisen – Schritt für Schritt

1. Bringe dich in einen meditativen Zustand, sei es mit der Meditation aus dem ersten Teil oder deiner Lieblingsmeditation.
2. Stell dir vor, du badest im hellen, weißen Licht der kosmischen Urenergie. Du weißt intuitiv, dass dies das weiße, beschützende Licht des Universums ist.
3. Vergegenwärtige dir inmitten dieses weißen Lichts deinen Astralkörper; er ist wie eine hauchdünne Substanz, von der du ein Teil bist. Er ist dein »wirkliches« Ich, das jenseits deines materiellen Körpers existiert.
4. Stell dir vor, wie der astrale Teil deiner Persönlichkeit sich von deinem Körper trennt und von deiner materiellen Gestalt aufsteigt. (Bis dir das gelingt, kann es eine Weile dauern.)
5. Wenn du diese Visualisierung beherrschst, sieh mit deinem Astralkörper auf deinen materiellen Körper. Versuche, die Details so lange wie möglich im Blick zu behalten.
6. Sobald du deinen materiellen Körper deutlich sehen kannst, kannst du mithilfe deines Astralkörpers die Räume deines Hauses erkunden und später auch andere Orte.

Tipps für Astralreisen

✦ **Astralreisen während des Schlafes.** Astralreisen gelingen leicht, während wir schlafen, aber dann haben wir weniger Kontrolle darüber, wohin wir reisen. Denn dann sucht unser Unbewusstes das Ziel aus!

✦ **Keine Angst vor der Angst.** Es ist normal, dass du Angst oder sogar Panik bekommst, wenn du während einer Astralreise plötzlich feststellst, dass du von deinem materiellen Körper getrennt bist. Wenn du außerhalb deines Körpers bist, kannst du nicht »sterben«, er ist auch nicht in Gefahr, und wenn Aufwachen der einzige Ausweg ist, dann wird das sofort geschehen.

♦ **Astralreisen mit einer bestimmten Absicht.** Wenn du in Astralreisen geübt bist, kannst du bestimmte Ziele festlegen. Vielleicht möchtest du einen deiner Geistführer treffen oder in die Vergangenheit, Gegenwart oder Zukunft reisen, oder du siehst nach deinen Verwandten, die in einer weit entfernten Ecke des Landes leben, oder machst dich empfänglich für eine Botschaft deines Höheren Selbst.

NACHBEREITUNG

Führe die oben genannten Schritte durch und unternimm eine Astralreise. Notiere dann deine Antworten auf die folgenden Fragen und denke dabei über deine Erfahrungen nach:

♦ Wodurch unterscheidet sich eine Astralreise von einer Meditation?

♦ Wie hat es sich angefühlt, den eigenen Körper zu »verlassen«?

♦ Wodurch wurde ich in meiner Konzentration gestört?

♦ Welche Erfahrungen habe ich während der Astralreise gemacht?

♦ Wie könnte ich diese übersinnliche Fähigkeit noch verbessern?

Übung 26
TIERE ALS BOTEN

Fühlst du dich zu bestimmten Tieren besonders hingezogen? Hattest du schon einmal eine merkwürdige Begegnung mit einem Tier, die mehr als nur eine Naturerfahrung war? Siehst du überall dasselbe Tier, auch in Kunstwerken? Über alle Kulturen und Epochen hinweg haben Tiere in der spirituellen Arbeit eine besondere Bedeutung. Mithilfe von Tieren sendet uns der *Geist* Botschaften, warnt uns vor Dingen, die auf uns zukommen, und erinnert uns daran, welche unserer Eigenschaften wir bei unserer Entwicklung in Ehren halten und pflegen sollten. Manchmal schickt er uns Tiere als Boten, damit wir uns unserer Stärken und Schwächen bewusst werden.

Es kann sein, dass zu dir stets dasselbe Tier als Bote kommt, aber es können auch immer wieder neue auftreten, je nachdem, was sich in deinem Leben gerade ereignet. Wenn wir ein solches Tier sehen, empfinden wir Freude und Verbundenheit. Tief in deinem Inneren entwickelst du eine besondere Aufmerksamkeit dafür, was das Erscheinen dieses Tieres bedeutet.

Solchen Tieren kannst du von Angesicht zu Angesicht begegnen, du kannst sie aber auch auf Karten sehen, die du von anderen Menschen bekommst, in Kunstwerken, die dich anziehen, und in anderen Medien. Sie tauchen häufig in Zeiten der Veränderung auf, oder wenn dich Fragen bedrängen, auf die du eine Antwort brauchst. Wenn du verstehst, wofür die Tiere, die der *Geist* dir sendet, symbolisch stehen, kannst du effektiver mit deinen Geistführern kommunizieren und auf deinem Lebensweg sicherer voranschreiten.

VORBEREITUNG

Mache dir bewusst, von welchen Tieren du dich angezogen fühlst, und frage dich, was sie dir bedeuten. Deine Geistführer wollen, dass du beim Versuch, die Botschaft zu verstehen, zuerst auf deine eigene symbolische Interpretation achtest. Tiere lösen immer etwas in uns aus – aus den verschiedensten Gründen. Wenn du einen Bären siehst, fühlst du dich vielleicht geborgen und denkst an eine gemütliche Höhle oder ein gemütliches Haus. Und wenn du einen Delfin siehst, fühlst du dich frei und verspürst große Freude. Vielleicht hilft es dir, wenn du dir klarmachst, dass du die Freiheit besitzt, die Entscheidungen zu treffen, die dir guttun. Wenn du Lust hast, kannst du in deinem Buch der Geistführer-Symbole über deine Erlebnisse mit diesen Tieren schreiben (siehe die Übung »Das Buch der Geistführer-Symbole«) und festhalten, welchen Tieren du begegnest und welche Bedeutung sie für dich haben. Wenn neue Tiere zu dir stoßen, denen du dich verbunden fühlst, füge sie deinen Aufzeichnungen hinzu.

Wenn du herausgefunden hast, was die Tiere für dich bedeuten, kannst du dich näher mit ihnen beschäftigen und zum Beispiel erforschen, welche kulturelle Bedeutung ein bestimmtes Tier bei deinen Vorfahren hatte. Du kannst auch nachschlagen, welche Bedeutung es in der Literatur oder in der Astrologie hat.

Tiere als Boten erkennen – Schritt für Schritt

1. Bringe dich in einen meditativen Zustand, mit der Meditation aus dem ersten Teil oder deiner Lieblingsmeditation.

2. Denke an ein Tier, das für dich besonders wichtig ist. Bitte deine Geistführer, dir mitzuteilen, welche Bedeutung es für dich persönlich hat. Daraufhin wirst du Empfindungen und Eingebungen haben, die dir neu sind und dir viele Einsichten schenken.

3. Überlege dir, welches Verhalten dieses Tieres dich am meisten berührt oder beunruhigt. Welche positiven und negativen Assoziationen verbindest du mit dem Tier? Notiere deine Gedanken in deinem Notizbuch. Wenn du spontan Lust darauf hast, kannst du das Tier auch zeichnen.

Wenn ein Tier dich berührt und etwas Besonderes in dir auslöst, nimm dir die Zeit, ihm die Ehre zu erweisen. Verlasse die Meditation und informiere dich über sein Verhalten und seinen Lebensraum. Vielleicht möchtest du dich auch besonders der Frage widmen, womit dieses Tier in unserer Welt zu kämpfen hat. Wenn es dir möglich ist, spende Zeit oder Geld, um diesem Tier zu helfen. Dadurch stärkst du die Verbindung zu deinen Geistführern sowie die Symbolkraft, die dieses Tier für dich besitzt.

Doch nicht immer sind die Gefühle, die ein solches Tier in dir auslöst, angenehm. Vielleicht verbindest du mit dem Tier Angst, Abscheu oder Beklemmung. Aber auch wenn das Tier dir nicht besonders am Herzen liegt, ist die Botschaft deshalb nicht weniger wertvoll. Tiere, die Boten sind, können dir helfen, auch deine dunklen Seiten zu erforschen sowie die Wunden, die normalerweise im Unbewussten verborgen liegen und sich daher nur schwer heilen lassen.

NACHBEREITUNG

Führe die oben genannten Schritte durch und mache ein Tier ausfindig, das als Bote zu dir kommt. Notiere dann deine Antworten auf die folgenden Fragen und denke dabei über deine Erfahrungen nach:

✦ Was bedeutet dieses Tier für dich?
✦ Welche positiven oder negativen Assoziationen verbindest du mit ihm?
✦ Welche positiven Eigenschaften dieses Tieres finden sich in deinem Leben wider?
✦ Welche negativen Eigenschaften dieses Tieres finden sich in deinem Leben wider?
✦ Welche anderen spirituellen Übungen könnten dir helfen, um dich mit dieser symbolischen Energie zu verbinden?

Übung 27
REINIGUNG UND SEGNUNG VON RÄUMEN

Die Räume, in denen wir leben, sind von großer Bedeutung. Wir füllen sie nicht nur mit Möbeln und allerlei Krimskrams, sondern auch mit unserer Energie sowie der Energie jener Menschen, die Zeit mit uns verbringen. Daher ist es wichtig, das eigene Zuhause regelmäßig zu reinigen und zu segnen, vor allem, je bewusster man sich der eigenen Antennen für das Übersinnliche und der eigenen spirituellen Fähigkeiten wird. Damit du seelisch reifen kannst, müssen deine Räume ruhig, neutral und deiner Entwicklung zuträglich sein. Wenn sich dort Schwingungen anstauen, können sie zu Blockaden und einer Schwere führen, die deine Fähigkeiten beeinträchtigen.

Zu bestimmten Zeitpunkten können eine Reinigung und eine Segnung, entweder für dich selbst oder jemand anderen, besonders förderlich sein. Wenn du in ein Haus einziehst und es zunächst segnest und von alten Energien reinigst, die nichts mit dir zu tun haben, wirst du dich dort mehr zu Hause fühlen. Wenn jemand bei dir zu Besuch war und sich verabschiedet hat und du dann eine gewisse Schwere verspürst, kannst du deine Räume reinigen und segnen, um so Rückstände der negativen Energie dieser Person zu neutralisieren. Wenn du Sorgen oder Stress hast, können Reinigung und Segnung einen leicht gangbaren Weg zu einer schnellen Heilung bereiten, weil neue Ideen, Einsichten und spirituelle Botschaften in energetisch neutraler Atmosphäre schneller zu dir durchdringen. Schon bald wirst du erkennen, dass du dein Zuhause nicht nur regelmäßig von Staub und Schmutz befreien, sondern es auch energetisch säubern musst. Je öfter du das machst, desto deutlicher wirst du spüren, wenn es wieder einmal vonnöten ist.

VORBEREITUNG

Vor einer Reinigung und Segnung solltest du eine Absicht formulieren. Das Ziel besteht darin, die Energie zu neutralisieren. Deine Absicht sollte lauten, alle Energiereste zu beseitigen, die du nicht mehr brauchst, sodass die Schwingungen im Raum hell, leicht und neutral sind. Hierzu eignet sich eine Formulierung wie »Dieser Raum ist hell und sicher«, aber du kannst auch andere Worte verwenden, die etwas in dir berühren. Merke dir den Satz, sodass du ihn während der Übung parat hast.

Du brauchst auch ein paar Hilfsmittel, und je nachdem, wie sich dein Stil entwickelt, kannst du welche hinzunehmen oder weglassen. Viele Religionen und indigene Kulturen haben ihre eigenen Hilfsmittel für dieses Ritual; wenn du Lust hast, informiere dich, was in deiner Kultur und bei deinen Ahnen üblich war. Zusätzlich kannst du bei einer Reinigung und Segnung auch deine Vorfahren um Hilfe bitten. Wenn du willst, kannst du dir ein hochwertiges Kräuterspray leisten, das du in Fachgeschäften erhältst, die sich auf Zubehör für Reinigung und Segnung spezialisiert haben. Aber du kannst dir auch selbst ein solches Spray mischen. Löse dazu einfach ein ätherisches Öl wie Lavendel oder Zitrone oder auch hochwertiges Meersalz in Wasser. Wenn bestimmte Gerüche ausgesprochen beruhigend auf dich wirken, ist das ein Hinweis darauf, dass sie dir bei diesem Ritual helfen können.

Außerdem brauchst du eine weiße Kerze, die dich schützt, und ein Instrument, wie etwa eine Glocke oder eine Klangschale. Falls du keines zur Verfügung hast, kannst du auch mit den Händen klatschen. Öffne auch Türen und Fenster, damit Licht und frische Luft hereinkommen, und lege Musik auf, die dich beruhigt und tröstet.

Räume reinigen und segnen – Schritt für Schritt

1. Zünde die Kerze an und sprich dabei deine Absicht laut aus.
2. Versprühe das Kräuterspray als Erstes an der Eingangstür. Während du es in Intervallen versprühst, wiederhole regelmäßig deine Absicht und bringe dein Instrument zum Klingen oder klatsche mit den Händen.
3. Gehe durch das Haus oder die Wohnung, bleibe vor jedem Fenster und jeder Tür stehen und wiederhole Schritt 2. Achte bei deinem Rundgang besonders darauf, wo die Energie sich ballt oder festzusitzen scheint. Wenn du an irgendeiner anderen Stelle intuitiv das Bedürfnis verspürst, Schritt 2 zu wiederholen, dann mache es. Denke auch an Ecken und dunklere Stellen. Bleibe dort stehen, wo deine Gedanken abschweifen, so wie auch an Orten, die mehr negative Energie anziehen als andere. Besondere Aufmerksamkeit solltest du den Stellen vor dem Kühlschrank, dem Spülbecken und dem Herd sowie deinem Schreibtisch widmen.

Wenn du spürst, dass du mit der Reinigung fertig bist, blase die Kerze aus. Sprich dabei noch einmal deine Absicht aus und bitte den *Geist*, die Räume mit dem weißen Licht der kosmischen Urenergie zu segnen.

NACHBEREITUNG

Führe die oben genannten Schritte durch und reinige und segne dein Zuhause. Notiere dann deine Antworten auf die folgenden Fragen und denke dabei über deine Erfahrungen nach:

◆ Wie hat sich dein Zuhause vor dem Reinigen und Segnen angefühlt?

◆ Wo hast du intuitiv gespürt, dass du dort mehr Zeit verbringen musst?

◆ Welche Utensilien hast du dabei als hilfreich empfunden? Warum?

◆ Wie fühlen sich die Räume nach dem Reinigen und Segnen an?

◆ Woran merkst du, dass sich durch das Ritual die Energie in deinen Räumen verändert hat?

Übung 28
LANGFRISTIGE VORHERSAGEN

Der beste Weg, um die eigenen übersinnlichen Fähigkeiten zu überprüfen und das Vertrauen in sie zu stärken, ist eine Séance, bei der man langfristige Vorhersagen macht. Bevor du eine solche Sitzung mit einer anderen Person durchführst, solltest du dich darin üben, deine übersinnlichen Gefühle, Vorahnungen und Vorhersagen in einem Notizbuch festzuhalten. Konzentriere dich anfangs auf eine bestimmte Person, ein Ereignis oder bestimmte Umstände in der Weltlage, die sich über längere Zeit hinweg verändern. Mit der Zeit wirst du feststellen, dass du hier bestimmte Vorlieben und Stärken hast. Manche übersinnlich begabte Menschen können besonders gut Ereignisse der nationalen oder internationalen Politik vorhersagen, andere haben eher das Leben Einzelner im Blick. Indem du verschiedene Themen ausprobierst und in deinem Notizbuch die Botschaften festhältst, die du empfängst, kannst du herausfinden, welche Gebiete dir am meisten liegen. Wenn du deine langfristigen Vorhersagen in deinem Notizbuch festhältst, kannst du sie verfolgen und dabei deine Fähigkeiten überprüfen und wichtige Erkenntnisse gewinnen.

Denke dabei immer daran, dass du bei der übersinnlichen Arbeit nicht alle Botschaften verstehen musst. Oft wirst du Botschaften und Symbole empfangen, mit denen du erst einmal nichts anfangen kannst, die sich aber mit der Zeit als absolut zutreffende energetische Vorhersagen erweisen. Die Rückschau lässt oft erkennen, was Vorausschau war! Wenn du weißt, wie es sich anfühlt, eine zutreffende Botschaft zu empfangen –

auch wenn du nicht weißt, worum es darin geht –, stärkt das dein Vertrauen in künftige Vorhersagen.

VORBEREITUNG

Besorge dir ein Notizbuch, in dem du deine Vorhersagen festhältst. Die Beschäftigung mit Vorhersagen ist auch ein guter Anlass, dir einen speziellen Raum für die spirituelle Arbeit einzurichten. In der Übung »Spirituelle Hilfsmittel« findest du Hinweise dazu, wie das geht.

Formuliere vor jeder spiritistischen Sitzung, worauf du dich konzentrieren willst. Je nach deiner persönlichen Art, dich mit den Energien zu verbinden, brauchst du vielleicht entsprechende Hilfsmittel. Wenn du dich zum Beispiel mit einem bestimmten Menschen beschäftigen willst, kannst du seinen Namen notieren, aber auch ein persönlicher Gegenstand oder ein Foto können dir helfen. Wenn du ein Ereignis in den Fokus nehmen willst, kannst du dir einen Gegenstand bereitlegen, der für das Ereignis steht, etwa eine Einladung, eine Grafik oder ein Logo. Wenn du dich mit der Weltlage beschäftigst, kannst du eine Weltkarte ausbreiten oder Abbildungen von Flaggen oder Regierungschefs.

Notiere vor der Sitzung ein paar allgemeine Fragen, die du dem *Geist* zu der Person oder der Situation stellen möchtest, etwa zu den Ergebnissen einer Wahl, die noch etliche Jahre in der Zukunft liegt, zu den Veränderungen im globalen Wettergeschehen oder auch zu den Zukunftsaussichten der nächsten zehn Jahre für einen Menschen, der dir nahesteht. Stell diese Fragen als offene Fragen, damit die Antworten möglichst breit gefächert ausfallen können.

Langfristige Vorhersagen überprüfen –
Schritt für Schritt

1. Bringe dich in einen meditativen Zustand, durch die Meditation aus dem ersten Teil oder deine Lieblingsmeditation.
2. Sprich laut ein Gebet, in dessen Worten du dich wiederfindest. Wenn du noch keines hast, verwende eines, das in dir die Vorstellung von weißem, beschützendem Licht hervorruft.
3. Wenn du bereit bist, um Botschaften zu bitten, schlage in deinem Notizbuch eine neue Seite auf und öffne dich für das, was du empfangen wirst.
4. Sprich die Fragen, die du notiert hast, laut aus. Schreibe die Antworten, die dich erreichen, sofort auf, ohne darüber nachzudenken. Wenn du dich wohlfühlst, kannst du auch improvisieren und andere Fragen stellen als die, die du notiert hast. Vielleicht musst du auch einmal nachfragen, um eine Botschaft zu verstehen. Du kannst auch auf deinen übersinnlichen Kalender zurückgreifen und um eine Chronik der Ereignisse bitten (siehe die Übung »Der übersinnliche Kalender«).

Achte auf dein Ego

Während dieser Übung wirst du vielleicht traurig oder wütend, bekommst Angst oder fühlst dich verunsichert. Solche Emotionen sind oft Antworten und Einsichten, die der *Geist* dir sendet. Wenn du etwa eine Frage zu einem Ereignis der Weltpolitik stellst und dich verunsichert fühlst und Angst bekommst, kann das etwas Negatives bedeuten. Wenn du dagegen nach einer Liebesbeziehung fragst und dabei Freude empfindest, kann das heißen, dass die beiden Personen gut zusammenpassen!

5. Wenn du intuitiv spürst, dass die Übung zu Ende ist, atme langsam tief durch und kehre mit dem Bewusstsein wieder in die Gegenwart zurück. Datiere den Eintrag in deinem Notizbuch.

6. Nimm dir alle paar Monate ein wenig Zeit und sieh die Vorhersagen durch, die du gemacht hast. Du kannst oft in dein Notizbuch etwas eintragen, aber du solltest nur selten darin lesen. Je mehr Zeit zwischen dem Notieren der Vorhersagen und der Durchsicht der Botschaften vergeht, die du dabei empfangen hast, desto besser. Der *Geist* sendet bisweilen Vorhersagen, die jahrelang nicht eintreten. Überprüfe, welche Botschaften sich korrekt anfühlen und welche sich als flüchtig erweisen.

NACHBEREITUNG

Führe die oben genannten Schritte durch und überprüfe deine übersinnlichen Vorhersagen. Notiere deine Antworten auf die folgenden Fragen und denke über deine Erfahrungen nach:

✦ Welche Wörter, Sätze, Gefühle und Symbole hast du empfangen?

- ◆ Was hast du gespürt, als du dich mit deinem Thema verbunden hast?
- ◆ Welche Vorhersage hat dich besonders angezogen?
- ◆ Welche Botschaften hast du nicht verstanden?
- ◆ Gab es Aspekte, die du besonders stark gespürt hast? Welche?

Übung 29
PARANORMALE AKTIVITÄTEN

Warst du schon einmal an einem geschichtsträchtigen Ort und hast dort Schwingungen gespürt, die ... sich nach mehr angefühlt haben? Etwas Jenseitiges? Fühlen sich alte Gebäude für dich anders an? Wenn du für die feinen Schwingungsunterschiede in deinem Umfeld empfänglich bist, wirst du immer auch Energien aus der Vergangenheit spüren. Wenn du dich plötzlich irgendwo »zu Hause« fühlst oder wenn du in vollkommen leeren Räumen das Gefühl hast, bei jemand anderem zu sein, dann bildest du dir das nicht ein. Vielmehr spürst du die Schwingungen der Vergangenheit, die mit dir Kontakt aufnehmen wollen.

Die Schwingungen, die wir in unserem Zuhause spüren, sind wie unsichtbare Mitbewohner und keinesfalls die mächtigen Geister, die manche Menschen vor Augen haben, wenn sie das Wort »paranormal« hören. Diese Energien sind uns nicht übel gesinnt, sondern wollen einfach nur weiter an dem Ort existieren, der für sie während ihres Lebens von Bedeutung war. In der Regel sind sie still und friedlich.

Es gibt mehrere Gründe, warum die Energien Verstorbener weiterhin in der materiellen Welt verbleiben. Wenn du dich mit einer solchen Energie verbindest, kannst du herausfinden, warum sie noch immer hier ist. Dabei kannst du auch etwas über die Geschichte des Ortes erfahren, und du kannst für eine Verständigung zwischen dir und der Energie sorgen, sodass ihr friedlich koexistieren könnt.

Ein Geist als Zimmergenosse bringt etliche Vorteile mit sich! Für gewöhnlich schützen diese Geister unser Zuhause und senden den Menschen, die wir nicht bei uns haben wollen, entsprechende Schwingungen. Sie können auch dafür sorgen, dass du dich in deiner Umgebung »zu Hause« fühlst, sodass nicht nur du dort glücklich bist und dich wohlfühlst, sondern auch alle deine Gäste. Diese Energien verleihen deinem Zuhause eine bestimmte Atmosphäre und machen es zu einem Vermächtnis.

VORBEREITUNG

Wenn wir uns mit Energien aus der Vergangenheit verbinden, wollen wir erfahren, was sie uns mitteilen wollen, und ihnen zu verstehen geben, womit wir umgehen können und womit nicht. Wenn sie uns eine Botschaft übermitteln wollen, können wir sie am schnellsten beruhigen, indem wir diese Botschaft annehmen. Die folgenden Tipps helfen dir bei der Vorbereitung darauf, dich mit Energien aus der Vergangenheit zu verbinden.

✦ **Informiere dich.** Hole Erkundigungen über den Ort ein, von dem du glaubst, er ist von einem Geist bewohnt. Die Geschichte des Hauses und des umliegenden Gebietes kann dir viele Hinweise darauf liefern, wer der Geist ist und warum er sich dort aufhält. Wenn du dich mit seiner Energie verbindest, kannst du mit ihm kommunizieren.

✦ **Sei höflich.** Wenn du eine Energie verspürst, die dir fremd ist, kann sich das anfühlen, als würdest du beobachtet oder dich in den privaten Räumen einer anderen Person bewegen. Vielleicht spürst du einen kalten Lufthauch auf der Haut oder riechst plötzlich etwas. Wenn so etwas passiert, stell dich dem Geist vor. Sage der Energie, wer du bist und warum du an diesen Ort gekommen bist. Wenn so etwas bei dir zu Hause passiert, begrüße den Geist und sage ihm, dass du seine Anwesenheit schätzt, im Moment aber nicht in der Stimmung für eine Interaktion bist. Dann bedanke dich und verabschiede dich. Bleibe standhaft. Denke immer daran: Du bist diejenige, die das Heft in der Hand hat.

✦ **Beobachte deine Haustiere.** Wenn du das Gefühl hast, nicht allein zu sein, beobachte deine Haustiere. Ist auch deine Katze besonders wachsam? Starrt dein Hund die Wand an und bellt? Tiere spüren Schwingungen aus dem Jenseits. Wenn du das Gefühl hast, etwas Jenseitiges zu verspüren, und beobachtest, wie sich deine Tiere verhalten, kann das deine Empfindungen bestätigen.

✦ **Mache Aufnahmen und höre sie ab.** Es gibt etliche Methoden, um auf paranormale Weise mit Geistern zu kommunizieren, etwa mit einem Tonaufnahmegerät bzw. einer entsprechenden App. Man stellt eine Frage, drückt dann auf »Aufnahme« und hört sich anschließend an, was das Gerät aufgezeichnet hat. Oft kann die Technologie Dinge erfassen, die das menschliche Ohr nicht erfassen kann. Eine Energie kann Botschaften auch mithilfe von Schallwellen senden.

Paranormale Aktivitäten erspüren – Schritt für Schritt

1. Suche dir einen Ort, an dem du spürst, dass er voller Schwingungen ist. Bringe dich in einen meditativen Zustand, sei es mit der Meditation aus dem ersten Teil oder deiner Lieblingsmeditation.

2. Richte deine Aufmerksamkeit achtsam auf das Chakra des dritten Auges und bitte fremde Schwingungen, sich dir zu zeigen.

3. Aktiviere all deine übersinnlichen Antennen und gehe im Raum umher. Beobachte, wie du dich fühlst, sowohl körperlich als auch emotional. Frage die Schwingung, wer sie im Leben war und was ihr dieser Ort bedeutet hat. Antworten empfängst du durch deine Emotionen und deine körperlichen Empfindungen. Achte ganz genau auf das, was du siehst, hörst und spürst.

Wenn du dich in dem Raum nicht wohlfühlst, kannst du ihn jederzeit reinigen. Wie das geht, erfährst du in der Übung »Reinigung und Segnung von Räumen«. Denk immer daran: Dieser Raum gehört dir, und du hast jedes Recht, dort energetisch die Oberhand zu behalten.

NACHBEREITUNG

Führe die oben genannten Schritte durch und achte auf paranormale Aktivitäten. Notiere dann deine Antworten auf die folgenden Fragen und denke dabei über deine Erfahrungen nach:

✦ An welchen Orten hast du in deinem Leben die Gegenwart von Geistern gespürt?
✦ Wodurch haben sich diese Orte energetisch von anderen unterschieden?
✦ Wie hast du dich dort körperlich gefühlt?

◆ Was hast du bei dieser Übung während der energetischen Interaktion mit dem Geist gespürt?

◆ Was sagt dir deine Intuition: Welche Botschaft will dir diese Energie senden?

234

Übung 30
SITUATIONEN UND FARBEN

Jeder Augenblick besitzt eine besondere Stimmung und besondere Schwingungen. Was ungesagt bleibt, ist in der Energie zu spüren, die wir wahrnehmen. Wenn deine übersinnliche Intuition gut entwickelt ist, kannst du diese Stimmungen interpretieren, indem du etwa jeder Stimmung und jeder Art von Schwingung eine bestimmte Farbe zuweist.

Stell dir zum Beispiel vor, du sitzt mit Kollegen in einer Besprechung, die Atmosphäre ist gereizt und du spürst die Spannung, die in der Luft liegt. Du registrierst, wie die Energien der anderen miteinander kollidieren und sich dadurch Gräben auftun. Wenn du nun jede Stimmung mit einer bestimmten Farbe verbindest, kannst du den Energiefluss deutlicher erkennen. Eine Person, die sich unterlegen fühlt, ist für dich vielleicht von Blau umgeben, und eine Energie, die laut und fordernd auftritt, verbindest du mit Rot. Mit der Zeit wirst du ganz von selbst den Stimmungen, die du beobachtest, bestimmte Farben zuweisen. Indem du die Energien durch Farben ausdrückst, kannst du unmittelbar sehen und verstehen, was in dem Moment geschieht, und manchmal auch, wohin dieses Geschehen führen wird.

Dieses Zuweisen von Farben kann dir auch dabei helfen, ähnliche Ereignisse und wiederkehrende Muster zu kennzeichnen. Wahre Liebe wirst du mit Rosa verbinden, und eine Liebelei, die zwar im Moment beglückt, aber nicht von Dauer sein wird, mit Lila. Blau wirst du sehen, wenn jemand viel Mitgefühl und Engagement zeigt, und Grün bei Geschehnissen, die dich überhaupt nicht betreffen.

VORBEREITUNG

In der Übung »Die persönliche Aura« hast du gelernt, dass jeder Mensch von einem einzigartigen Energiefeld umgeben ist. Die Aurafarben aus dieser Übung ähneln den Farben, die du mit Stimmungen und Erfahrungen verbinden kannst. Je vertrauter dir dieses Zuweisen von Farben an Situationen und Menschen wird, desto genauer wirst du diese Farben anpassen können, sodass es für dich stimmig ist. Mit jeder Farbe verbinden wir bestimmte Assoziationen, negative oder positive, je nach Kontext. Mit jemandem, der sich an seiner Macht berauscht und die Menschen, die er eigentlich führen sollte, anschreit und respektlos behandelt, wirst du möglicherweise Rot verbinden. Rot kann aber auch auftauchen, wenn in einem Team alle die Leitung respektieren und diese ihrerseits die Teammitglieder wertschätzt und unterstützt und die Zusammenarbeit dadurch optimal funktioniert. Keine Farbe ist gut oder schlecht, sondern jede hat für dich eine eigene Bedeutung, und du wendest sie auf bestimmte Weise an und interpretierst sie auf bestimmte Weise.

Suche dir für die folgende Übung einen Ort, an dem du gut andere Menschen beobachten kannst. Mache es dir bequem und sieh zu, dass du nicht gestört wirst.

Einer Situation eine Farbe zuweisen – Schritt für Schritt

1. Atme dreimal tief durch die Nase ein und durch den Mund wieder aus.

2. Sieh dich in aller Ruhe um. Stell dir vor, dass du die Szenerie betrachtest, ohne daran beteiligt zu sein, in etwa so, als würdest du einen Film ansehen, der sich in der Wirklichkeit abspielt.

3. Betrachte nun das Geschehen etwas genauer und konzentriere dich auf eine Szene oder einen Ort, der deine Aufmerksamkeit auf sich zieht.

4. Stell dir vor, welche Stimmung dort herrscht. Das Gespräch zwischen den beiden Frauen – wirkt es tiefgründig? Der Passant, der vorüberhastet – wirkt er angespannt? Halte deine Beobachtungen in deinem Notizbuch fest.

5. Wenn du das Gefühl hast, ausreichend beobachtet und Stimmungen erfasst zu haben, spüre in dich hinein, welche Farben sich dir mit Bezug auf die jeweiligen Szenen zeigen. Das Gespräch zwischen den Frauen könnte sich rot anfühlen, und der vorüberhastende Passant gelb. Schreibe die Farben neben die Notizen deiner Beobachtungen.

Wenn du diese Übung drei oder vier Wochen lang mehrmals die Woche machst, wirst du so viele einzelne Szenen beobachten, dass du in den Zuweisungen von Farben bestimmte Muster erkennen wirst. Damit wird sich die Bedeutung der Farben verfestigen.

Erweiterung der Übung

Mach diese Übung auch im Büro, im Kreis der Familie oder wenn du unter Freunden bist. Schon bald wird das Zuweisen von Farben ganz von allein passieren. Wenn du

etwas beobachtest, wirst du automatisch eine Farbe spüren und dadurch verstehen, was die entsprechende Energie ausdrückt. Du wirst den Beteiligten helfen können,
weil du erspürst, was gerade passiert, und eine breitere
Perspektive darauf hast. Auch wenn dir jemand bei einer
Séance seine Geschichte erzählt, kann das Farbwahrneh-
mungen bei dir hervorrufen. Wenn du im Umgang damit
geübt bist, kannst du dadurch in selbstsicherer Weise je-
nen Menschen aussagekräftige Botschaften übermitteln,
die sie brauchen.

NACHBEREITUNG

Führe die oben genannten Schritte durch und übe dich darin,
Situationen Farben zuzuweisen. Notiere dann deine Antworten
auf die folgenden Fragen und denke dabei über deine Erfahrungen nach:

✦ Welche Farben weise ich welchen Situationen zu? Warum?
✦ Welche Farbe sehe ich am häufigsten? Was bedeutet sie?
✦ Gibt es eine Farbe, die ich mit negativen Geschehnissen ver-
  binde? Oder mit positiven?
✦ Welche emotionalen und körperlichen Empfindungen habe
  ich, wenn ich Farben zuweise?
✦ Wo und wie kann ich diese Fähigkeit künftig nutzen?

Übung 31
ENGELSZAHLEN

Bei deiner übersinnlichen Arbeit wirst du immer wieder Botschaften von deinen Geistführern erhalten. Eine weit verbreitete Art, wie dir diese hoch energetischen Wesen Nachrichten senden, sind die sogenannten Engelszahlen. Das sind Zahlen, die eine bestimmte Bedeutung haben, deine Aufmerksamkeit wecken und dich entweder an Orte, Geisteshaltungen und Entscheidungen erinnern, die in deinem höchsteigenen Interesse liegen, oder dir mitteilen, dass du auf dem richtigen Weg bist.

VORBEREITUNG

Im Folgenden findest du die Zahlen von null bis zehn sowie die Bedeutung, die sie jeweils als Engelszahlen haben. Auf diese Bedeutungen kannst du zurückgreifen, wenn du Engelszahlen interpretierst.

✦ **0: Bedingungslose Liebe.** Die Kraft der Liebe umgibt dich in jedem Augenblick, in Gestalt von Menschen, Gelegenheiten oder auch Momenten der Hellsichtigkeit. Diese Zahl verstärkt die Eigenschaften der anderen Zahlen, neben denen sie auftaucht.

✦ **1: Der Baumeister.** Mit deinen Gedanken und Worten formst und veränderst du deine Welt. Jetzt, in diesem Moment, bist du schöpferisch tätig, und die mächtigen Kräfte des Universums unterstützen dich.

◆ **2: Vertrauen.** Setze deine Hoffnungen nicht nur auf die großen Dinge – denn die kleinen Dinge halten alles zusammen.
Du bist nie allein, und deine Geistführer erinnern dich daran,
dass viele kleine Dinge, wenn sie zusammenwirken, zu einem wunderbaren, großen Ergebnis führen.

◆ **3. Harmonie.** Wenn du einen Aspekt deines Lebens ignorierst
oder vernachlässigst, leidet dein gesamtes Wesen. Für ein
erfülltes Dasein sind ein gesunder Körper und ein gesunder
Geist sowie eine Verbindung zum *Geist* unabdingbar. Pflegst
du diese Verbindung ausreichend?

◆ **4. Die Fundamente.** Bestimmte Dinge werden brüchig und
verfallen, wenn sie nicht ausreichend gepflegt werden. Die
Zahl 4 ermahnt dich dazu, dich den Fundamenten deines
Selbst zuzuwenden und zu ermitteln, was dort fehlt. Du
kannst dich nicht weiterentwickeln, wenn du das bisher Ge-
leistete nicht aufrechterhältst.

◆ **5. Wachstum.** Die Welt um dich herum bewegt sich unablässig, also musst auch du dich flexibel zeigen. Veränderung
ist unvermeidlich, und Seelenfrieden entsteht nicht durch
die Stabilität der äußeren Welt, sondern durch ein sicheres
Fundament im Inneren.

◆ **6. Die materielle Welt.** Du achtest zu sehr auf Oberfläch-
liches. Oftmals vergisst du die tiefere Bedeutung deines Han-
delns, weil du dich von der materiellen Welt ablenken lässt.

◆ **7. Habe keine Angst.** Wenn du Neues lernst und dich entwickelst, eröffnen sich dir laufend neue Zusammenhänge
und Möglichkeiten. Du willst Unbekanntes ausprobieren,
ohne dabei immer zu wissen, auf wen oder was du vertrauen
kannst. Diese Zahl ermuntert dich dazu, spontan und mutig
zu sein, aber auch überlegt und vorsichtig zu handeln.

◆ **8. Überfluss.** Unablässig bist du von zahlreichen Kräften umgeben und durchdrungen. Diejenigen, denen du deine Aufmerksamkeit widmest und für die du dich öffnest, werden
dich in ihren Fluss aufnehmen.

◆ **9. Ende.** Etwas in deinem Leben findet seinen Abschluss. Das
kann traurig sein, und du darfst dir erlauben, das Vergan-
gene zu betrauern, aber du solltest nicht außer Acht lassen,
was du aus diesem Ende lernen kannst.

Engelszahlen interpretieren – Schritt für Schritt

1. **Gliederung der Zahl.** Die Reihenfolge der einzelnen Ziffern
   ist von großer Bedeutung. Sie eröffnet dir die Botschaft,
   die die Zahl enthält. Die erste Ziffer verweist auf die Situa-
   tion(en), die dich zu diesem bestimmten Moment geführt hat
   (haben). Die mittlere Ziffer steht für die zentrale Aussage der
   Botschaft. Die letzte Ziffer gibt einen Hinweis auf mögliche
   Entwicklungen in der Zukunft. (Wenn du nur eine oder zwei
   Ziffern siehst, bezieht sich die Zahl eher auf den gegenwärtigen Augenblick. Wenn du vier oder fünf Ziffern siehst, ist
   das ein Hinweis darauf, dass sich deine Engel sehr um deine
   Aufmerksamkeit bemühen.)

2. **Masterzahlen.** Wenn eine Ziffer doppelt erscheint (11, 22 usw.),
   spricht man von einer Masterzahl. Solche Zahlen habe eine
   etwas andere Bedeutung. Hier werden die Ziffern nicht getrennt betrachtet, sondern als eine einzige Zahl angesehen,
   die die Bedeutung der jeweiligen Ziffer besonders betont.

3. **Verwendung der Zahl.** Wenn sich dir eine Engelszahl zeigt
   und du verstanden hast, was sie dir sagen will, dann nutze

sie, um mit deinen Geistführern zu kommunizieren. Zeichne sie, verwende sie in Pseudonymen oder meditiere so viele Minuten lang, wie es die Zahl vorgibt. Du kannst auch die entsprechende Summe spenden oder als Trinkgeld geben. Wenn du im Alltag kreativ mit dieser Zahl umgehst, entfaltet sich nicht nur die Energie, die ihr innewohnt, sondern du machst damit auch deine Engel auf dich aufmerksam. Wenn du mit ihnen auf diese Weise in Kontakt trittst, werden ihre Antworten immer lauter und deutlicher.

NACHBEREITUNG

Führe die oben genannten Schritte durch, achte auf Engelszahlen und interpretiere sie. Notiere dann deine Antworten auf die folgenden Fragen und denke dabei über deine Erfahrungen nach:

✦ Welche Zahl ist meine »Glückszahl«? Ist sie vielleicht eine Engelszahl, und ich habe sie nur noch nicht als solche erkannt? Warum oder warum nicht?
✦ Welche Gefühle löst meine Engelszahl in mir aus?
✦ Was bedeutet sie?
✦ Wie werde ich meine Zahl künftig nutzen, um mit meinen Geistführern zu kommunizieren?
✦ Welchen Bezug hat diese Zahl zu meinem derzeitigen Leben?

Übung 32
DIE ENERGIE ANDERER MENSCHEN ABWEISEN

Wir alle besitzen die Fähigkeit, unsere Energie mit derselben Kraft an andere Menschen zu richten wie die Worte, die wir sprechen. Deine angeborenen telepathischen Fähigkeiten hast du bereits in der Übung »Telepathische Nachrichten« kennengelernt; nun wird es darum gehen, wie du sie auf andere Weise einsetzen kannst.

Wenn du die Energien um dich herum aufmerksam beobachtest, wirst du feststellen, dass sie oft länger zugegen sind, als du das möchtest. Mittlerweile hast du schon ein Gespür für Energien, die nicht deine eigenen sind, sich aber in dir und deiner Umgebung bemerkbar machen. Wenn du telepathische Energie nutzt, um die Energien anderer Menschen abzuweisen, fühlst du dich leichter und mehr bei dir: Du schwingst wieder mit deiner authentischen Energie mit, die du brauchst, nachdem du dich auf die Energien von anderen eingelassen hast.

Die eigene Energie bewusst zu erleben und sie von anderen abzugrenzen, hilft dir nicht nur bei deiner übersinnlichen Arbeit, sondern ist auch förderlich für deine allgemeine Stimmung und deine Gesundheit. Bis jetzt hast du es vielleicht als unhöflich angesehen, jemanden mit Worten abzuweisen, und hast dich dabei unbewusst schuldig gefühlt, weil du die Energie des anderen von dir gewiesen hast. Die Energie einer anderen Person gehen zu lassen, wenn sie dir nicht mehr von Nutzen ist, ist aber heilsam – für dich selbst und auch für die andere Person; genauso wie es heilsam ist, ein Geschehen zu verlassen, wenn es an sein natürliches Ende gekommen ist oder dich zu viel Kraft kostet. Wenn du einem anderen Menschen nicht mehr das Beste von dir selbst geben kannst, bist du es ihm schuldig, dich von ihm zu trennen, damit ihr beide neue Beziehungen suchen könnt, die zuträglicher sind. Anzeichen dafür können sein, dass du das Gefühl hast, zu viel über diese Person nachzudenken, oder dass ihre Probleme häufig in deinen inneren Dialogen auftauchen. Oder du klagst darüber, wie eine Beziehung zu Ende gegangen ist, oder grübelst andauernd über das nach, was ungesagt geblieben ist. Oder es ist dir einfach nur unangenehm, dass diese Person noch ein Teil deines Lebens ist, und du möchtest zu ihr auf Distanz gehen. Aus welchem Grund auch immer du die Energie dieser Person abweisen willst, du kannst dabei respektvoll vorgehen und auf euer beider Bedürfnisse Rücksicht nehmen.

VORBEREITUNG

Es gibt zwei Methoden, um die Energie eines anderen Menschen abzuweisen: in einer konkreten Situation oder durch Meditation. In Gesprächen oder Situationen, die mühsam sind, kein Ende finden wollen oder auf andere Weise kraftraubend sind, bleiben die üblichen Codes der sozialen Interaktion manchmal ohne Wirkung. Dann kann dir die Telepathie dabei helfen, dich von den Energien einer solchen Situation zu befreien.

Außerdem kann es vorkommen, dass eine Beziehung kein angemessenes Ende gefunden hat und du noch einmal mit der betroffenen Person sprechen möchtest. Vielleicht möchtest du keinen direkten Kontakt aufnehmen, weil du fürchtest, dass es zu Missverständnissen kommt, oder es wäre einfach nicht mehr angemessen, dass du dich meldest. Die entsprechenden Gefühle begleiten dich dann möglicherweise noch, auch wenn du weißt, dass das persönliche Gespräch, in dem du sie beilegen könntest, nicht stattfinden wird. Dann kannst du mithilfe der Telepathie auf einer anderen Ebene mit dieser Person sprechen und so die Beziehung zu einem Abschluss bringen, der erforderlich ist, um diese kräftezehrende Energie loszulassen.

Lege einen Zeitpunkt fest, zu dem du diese Übung durchführen kannst, und bereite dich mit der Übung »Die Schutzhülle« darauf vor, um dir der Energien bewusst zu werden, die auf dich einwirken. Wenn du merkst, dass du die Energie eines anderen Menschen abweisen musst, kannst du ganz schnell diesen Schutzschild bilden.

Die Energie eines Menschen abweisen – Schritt für Schritt

1. Wenn du dich das nächste Mal in einem lästigen oder unangenehmen Gespräch befindest, sende deinem Gesprächspartner einen telepathischen Hinweis, dass er sich *jetzt* verabschieden soll. Während er weiterspricht, kannst du lächeln und nicken und ihm dabei eine ausdrückliche Botschaft senden: »Geh jetzt. Dieses Gespräch ist vorbei!« Dann warte ab, bis er zum Ende kommt und geht.

2. Wenn du mit einem Menschen in deinem Leben zum Abschluss kommen möchtest, der dich mit seiner Energie belastet, ein Gespräch aber nicht möglich ist, kannst du auf

telepathische Weise kommunizieren und dich dadurch heilen. Wenn du jemanden aus deinem Leben verabschieden möchtest, halte mit ihm in Gedanken ein »Abschiedstreffen« ab. Dabei kannst du der Person voller Liebe all das sagen, was du ihr sagen möchtest, und kannst dir vorstellen, wie sie dir mit Worten und Gefühlen antwortet. Dann verabschiede sie mit Liebe und Mitgefühl und sage ihrem Höheren Selbst, dass es an der Zeit ist, dieses Band zu lösen. Im Grunde führst du dieses Gespräch mit dem Höheren Selbst der anderen Person. Ein solches telepathisches Gespräch wird dir dabei helfen, die Energie des anderen aufzulösen.

NACHBEREITUNG

Führe die oben genannten Schritte durch und weise die Energie eines anderen Menschen ab. Notiere dann deine Antworten auf die folgenden Fragen und denke dabei über deine Erfahrungen nach:

✦ Mit wem wollte ich zu einem Abschluss kommen?
✦ Wie hat es sich angefühlt, mich telepathisch mit diesem Menschen zu verbinden?
✦ Bei welchen Empfindungen habe ich gespürt, dass sie nicht meine waren?
✦ Wie geht es mir an den Tagen, nachdem ich diese Energie abgewiesen habe?
✦ Welche Situationen gibt es, in denen ich mich gefangen fühle und telepathische Energien nutzen könnte, um mich daraus zu befreien?

Übung 33
KOMMUNIKATION MIT HAUSTIEREN

Energie ist eine universelle Sprache, die von Menschen, Tieren, Pflanzen und sogar Gegenständen gesprochen und verstanden wird. Wenn du mittels Energie mit deinen Haustieren kommunizierst, kannst du mit ihnen auch eine Séance abhalten! Tiere nehmen ständig Signale auf, von dir und von ihrer Umwelt. Sie hinterfragen nicht, was sie empfangen, sondern sind voller Vertrauen. Sie können bevorstehende Ereignisse und Bedrohungen spüren, und sie spüren, wenn sie jemandem, der ihnen Hilfe anbietet, vertrauen können. Diese Fähigkeit besitzen sie, weil sie der Energie vertrauen, die sie umgibt und die voller Informationen und Botschaften ist. Tiere sind von Natur aus übersinnlich begabt. Und sie können und wollen mit dir in Verbindung treten.

Wenn du mit deinem Haustier auf übersinnliche Weise Kontakt aufnehmen willst, solltest du in groben Zügen wissen, wie Tiere kommunizieren. Bei uns Menschen steht das gesprochene Wort im Vordergrund; es ist das wichtigste und genaueste Kommunikationsmittel. Worte vermitteln Wahrheit, wir haben gelernt, nur auf Worte zu achten, und auf dem Wort ruhen die Fundamente unserer Gesellschaft. Das, was nicht ausgesprochen wird, hat jedoch ebenfalls eine immense Bedeutung – Gefühle, eine Verbindung, die wir intuitiv spüren, weitreichende Gewissheiten, die wir nicht ignorieren können. Tiere spüren die Empfindungen und die Absichten anderer Lebewesen. Darauf achten sie mehr als auf den bloßen Klang der Worte und erfassen so die Absicht einer Interaktion. Wenn du etwa zu deinem Hund »Sitz!« sagst und dabei die Unsicherheit zu hören ist, die aus deinem Unbewussten erwächst, wird der Hund dir nicht gehorchen und stattdessen aufspringen. Tiere hören immer die Wahrheit, und auf diese Wahrheit reagieren sie. Wenn zwei Hunde miteinander spielen, knurren sie einander möglicherweise an, aber beide wissen, dass dieses Knurren freundlich gemeint ist und nicht »Verschwinde!« bedeutet.

VORBEREITUNG

Bevor du dich einem Tier widmest, solltest du deine Absichten klar formulieren und deinen aktuellen körperlichen und emotionalen Zustand benennen. Dadurch wirst du leichter erkennen, welche unbeabsichtigten Signale du aussendest.

Während einer solchen Übung senden Tiere dir Bilder, Empfindungen und körperliche Gefühle. Mit dem dritten Auge kannst du Dinge erfassen, die für sie von Bedeutung sind. Durch Hellriechen kannst du ebenfalls wichtige Botschaften von ihnen empfangen. Vor allem Hunde kommunizieren mittels Gerüchen, und es ist für sie völlig normal, Botschaften auf diese Art zu übermitteln. Möglicherweise schmeckst du auch bestimmte Dinge während einer solchen Séance. Dieses Hellschmecken ist ebenfalls ein spezifischer und für Tiere üblicher Kanal, um ihre Botschaften mitzuteilen. Auch deine Fähigkeit des Hellfühlens werden Tiere nutzen. Dann hast du plötzlich das Gefühl, dich auf eine bestimmte Art bewegen zu müssen, verspürst in einer bestimmten Körperregion einen Schattenschmerz oder sogar den Drang, auf etwas herumzukauen oder in etwas zu beißen!

Wenn du dir über deine Absichten im Klaren bist, deine aktuelle energetische Verfasstheit kennst (deinen gegenwärtigen körperlichen und emotionalen Zustand) und weißt, wie Tiere dir Signale übermitteln, kannst du die spiritistische Sitzung beginnen. Suche dir dazu ein Tier, das eine Verhaltensauffälligkeit zeigt, etwa eine Katze, die das Katzenklo nicht benutzt, oder einen Hund, der nicht aufhört zu bellen, wenn seine Besitzer das Haus verlassen haben.

Eine Séance mit einem Haustier – Schritt für Schritt

1. Setze dich zu dem Tier und bringe dich in einen meditativen Zustand, entweder mit der Meditation aus dem ersten Teil oder deiner Lieblingsmeditation. Wenn du möchtest, kannst du hin und wieder die Augen schließen oder einfach nur unbestimmt in die Richtung des Tieres schauen. Suche nicht um jeden Preis Blickkontakt, denn dadurch könnten Ängste ausgelöst werden.

2. Nimm dir Zeit, um die Schwingungen des Tiers zu erspüren, und versuche, dich ihnen anzupassen. Atme ruhig und überlasse dich ganz dem Augenblick und der Energie des Tieres.

3. Richte eine Frage an das Tier, entweder laut oder in Gedanken. Achte dabei auf deinen Körper, deinen Geist und deine Emotionen. Tiere teilen oft das mit, was sie als wichtig erachten, und antworten nicht unbedingt auf deine Fragen.

4. Beobachte, welche Gefühle die Reaktion des Tiers in dir auslöst. Wenn du merkst, dass dir Gedanken kommen, die dir neu sind, die dich beflügeln und eindeutig nicht deine eige-

nen sind, dann kannst du sicher sein, dass sie eine Botschaft des Tiers sind.

Gehe den Empfindungen nach, die sich bei dir eingestellt haben. Wenn du etwa einen metallischen Geschmack im Mund verspürt hast, finde heraus, ob das Tier ein Medikament bekommt oder aus welchem Material sein Wassernapf ist. Möglicherweise sendet es dir auch ein Gefühl der Unsicherheit oder der Nutzlosigkeit. Dann könntest du den Besitzer fragen, ob das Tier oft gelangweilt oder unruhig wirkt und wie es seine Zeit verbringt. Die Gefühle und Visualisierungen, die du empfängst, stammen einzig und allein von dem Tier, aber deine Aufgabe ist es, sie zu deuten und zu erkennen, was diese Botschaften für die Menschen im Umfeld des Tiers bedeuten.

NACHBEREITUNG

Führe die oben genannten Schritte durch und halte eine Séance mit einem Haustier ab. Notiere dann deine Antworten auf die folgenden Fragen und denke dabei über deine Erfahrungen nach:

✦ Welche Emotionen habe ich bei diesem Tier gespürt?
✦ Hatte ich während der Séance bestimmte körperliche Empfindungen?
✦ Habe ich Botschaften empfangen, die mein Hellriechen oder Hellschmecken angesprochen haben?
✦ Worauf wollte mich das Tier hinweisen?
✦ Was hat mich bei dieser Übung am meisten überrascht?

Übung 34
VERBINDUNG MIT DEM MOND

Unsere Welt hat ihren eigenen, natürlichen Rhythmus – Anfang und Ende, Loslassen und Erneuerung. Diese zyklische Bewegung wird teilweise vom Mond verursacht. Die Energie, die er freisetzt, bestimmt die Gezeiten, das Licht und vieles mehr. Die Tiere stehen unter seinem Einfluss (so richtet sich etwa der Zug der Vögel nach seinen Phasen), und auch wir Menschen spüren sein Wirken. Die Folgen dieses Wirkens machen sich auf vielerlei Weise bemerkbar, und wenn du den Mondzyklus aufmerksam verfolgst, kannst du diese Verbindung zum Mond nutzbar machen und die Wohltaten seiner Macht spüren.

Der Mondzyklus war schon immer eng mit dem Leben der Menschen verbunden, mit Feierlichkeiten und Ritualen. Jeder Mondphase entspricht ein Aspekt unseres Daseins; so sind wir auf symbolische Weise mit dem natürlichen Fluss des Mondzyklus verbunden. Wenn du deine Stimmung mit der aktuellen Mondphase verbindest, stärkst du damit nicht nur deine Selbstwahrnehmung, sondern auch dein spirituelles Verantwortungsgefühl; du lässt los, was du nicht mehr brauchst, und entwickelst neue Absichten, die dein inneres Wachstum fördern.

Mithilfe des Mondes kannst du dich mit dir selbst verbinden, mit dem *Geist* und mit dem natürlichen und oft so wundersamen Universum. Voraussetzung dafür ist, dass du die einzelnen Mondphasen und ihre Bedeutung kennst.

Die Mondphasen und ihre Bedeutung

✦ **Neumond.** In der Dunkelheit des Neumonds kannst du deine Schatten erforschen. Er ermutigt dich dazu, dir Notizen zu machen, nachzudenken und dir darüber klarzuwerden, worauf du dich konzentrieren solltest. Schreibe auf, was du dir für den kommenden Monat vornimmst.

✦ **Zunehmender Mond.** Das stärker werdende Licht ruft zum Handeln auf. Du wirst aufgefordert, die Vorhaben, die du dir bei Neumond gesetzt hast, in Angriff zu nehmen. Zeige dir selbst und dem Universum, dass du diese Vorhaben mit Tatkraft und Realitätssinn angehst.

✦ **Vollmond.** Das intensive Licht, das der Mond in dieser Zeit ausstrahlt, kann Ängste hervortreten lassen, aber auch die Selbstwahrnehmung steigern. Jetzt kannst du vor dem, was du in diesem Zyklus zur Verwirklichung deiner Vorhaben getan hast, nicht mehr die Augen verschließen. Was im Schatten war, liegt offen zutage, und du musst das loslassen, was für dich keinen Nutzen mehr hat und dich am Fortkommen hindert. Notiere auf einem Zettel alles, was du loslassen willst, und verbrenne ihn im Licht des vollen Mondes.

✦ **Abnehmender Mond.** Wenn du Dinge loslässt, die dich lange begleitet haben, kann das Trauer auslösen, auch wenn du diese Dinge nicht mehr brauchst. Diese Phase ermöglicht dir, dein Inneres wieder ins Gleichgewicht zu bringen. Deine Aufgabe lautet nun, dich mit dieser neuen Version deiner selbst zu versöhnen. Nutze diese Zeit, um Dinge zu vollenden und deine Vorhaben abzuschließen, bevor du dich auf den nächsten Zyklus vorbereitest.

VORBEREITUNG

In den meisten Kalendern sind die Mondphasen verzeichnet. Falls sie in deinem Kalender fehlen, notiere sie an einer Stelle, wo du sie jeden Tag siehst. Du brauchst deiner Arbeit mit den Mondphasen nicht viel Zeit zu widmen; wichtiger ist, dass du sie regelmäßig durchführst. Je mehr du dich daran gewöhnst, deine persönliche Entwicklung mit den Mondphasen zu verbinden, desto stärker wird deine Selbstwahrnehmung sein und desto größer dein persönliches Verantwortungsgefühl und dein innerer Friede.

Lege für jeden Mondzyklus persönliche Vorhaben fest, die der allgemeinen Tendenz der oben beschriebenen Mondphasen entsprechen. Halte in deinem Notizbuch fest, was sich für dich seit dem letzten Zyklus verändert hat und welchen Weg du deiner Ansicht nach künftig einschlagen solltest. Halte Edelsteine und andere spirituelle Hilfsmittel bereit, die dich schützen, dir Hilfe leisten und dich bei deinen Ritualen unterstützen. Auch die Übungen »Einen Edelstein programmieren« und »Spirituelle Hilfsmittel« kannst du hierfür zu Hilfe nehmen. Führe die Übung nach Möglichkeit im Freien durch, sodass du währenddessen den Mond betrachten kannst. Falls das nicht geht, setze dich an ein Fenster und verbinde dich auf diese Weise mit der Natur.

Verbindung mit dem Mond aufnehmen – Schritt für Schritt

1. Bringe dich in einen meditativen Zustand, sei es mit der Meditation aus dem ersten Teil oder deiner Lieblingsmeditation.

2. Orientiere dich an den obigen Informationen über die Mondphasen und führe ein Ritual durch, das der aktuellen Mondphase entspricht. Achte vor allem darauf, wie es sich anfühlt,
ein Vorhaben zu fassen, tätig zu werden, um dieses Vorhaben zu verwirklichen, Dinge loszulassen, die du nicht mehr
brauchst, und andere zu Ende zu bringen, bevor der Zyklus
vorüber ist.

NACHBEREITUNG

Führe die oben genannten Schritte durch und verbinde dich mit
dem Mond, indem du diese Übung mindestens einen vollen Zyklus lang durchführst. Notiere dann deine Antworten auf die folgenden Fragen und denke dabei über deine Erfahrungen nach:

✦ Welches Vorhaben habe ich während des letzten Neumon-
  des gefasst?
✦ Welche Schritte habe ich bei zunehmendem Mond unter-
  nommen, um es zu erreichen?
✦ Bei welchen Dingen hatte ich bei Vollmond das Gefühl, ich
  müsste sie loslassen?
✦ Was habe ich anschließend bei abnehmendem Mond getan,
  um mein inneres Gleichgewicht zu finden?
✦ Wie fühle ich mich, nachdem ich einen Zyklus lang der Bewegung des Mondes gefolgt bin?

Übung 35
FRÜHERE LEBEN

Hast du dich schon einmal an einem Ort, an dem du noch nie zuvor gewesen bist, auf unheimliche Weise zu Hause gefühlt? Hast du eine unerklärliche Vorliebe für eine bestimmte Kultur, zu der du überhaupt keine Verbindung hast, oder fühlst du dich schon immer zu einer bestimmten historischen Epoche hingezogen? Solche Empfindungen sind ein Hinweis auf eine Verbindung zu deinen früheren Leben! Zu manchen Religionen gehört der Glaube, dass eine menschliche Seele nicht nur ein Leben auf dieser Welt verbringt, sondern mehrere, in verschiedenen Körpern, und dabei die ganze Fülle des Lebens erfährt. Die Energie, die durch die Zeitalter fließt, nimmt Erinnerungen in sich auf, und so tragen auch wir unsere früheren Leben in Form subtiler Schwingungen in uns. Sie zeigen sich in bestimmten Leidenschaften, die ohne Bezug scheinen, oder in der starken Faszination, die wir für manche Dinge verspüren. Sie scheinen in Menschen auf, die in unserem gegenwärtigen Leben »neu« sind, in Wahrheit aber zu unserer Seelenfamilie gehören – zu diesen besonderen Energien, die uns durch die Zeitalter begleiten.

Wenn du dich mit deinen früheren Leben verbindest, kannst du Erkenntnisse gewinnen und manchmal auch mit Dingen abschließen. Eine scheinbar grundlose Angst kann etwa das Überbleibsel eines Traumas aus einem vergangenen Leben sein. Ein wiederkehrendes Verhaltensmuster, das du einfach nicht auflösen kannst, weist möglicherweise darauf hin, dass du in einem vergangenen Leben etwas nicht richtig gelernt hast. Es gibt zahlreiche Wege, um dich mit einem früheren Leben zu verbinden und energetische Erinnerungen, die für dich von Bedeutung sind, aufzudecken. Solche Verbindungen kannst du herstellen, indem du darauf achtest, zu welchen Dingen du bereits eine subtile Verbindung spürst.

VORBEREITUNG

Wenn du eine unerklärliche Leidenschaft entwickelst, an einem Hobby Gefallen findest, zu dem du sonst keinen Bezug hast, oder dich an Orten zu Hause fühlst, an denen du noch nie zuvor warst, dann achte darauf, was dir dabei jeweils durch den Kopf geht. Vielleicht stellen sich veraltete Ansichten und Denkweisen ein. Vielleicht fühlt es sich plötzlich so an, als hättest du die geistige Haltung einer anderen Person. In jedem deiner Leben warst du geprägt von der jeweiligen Kultur, der Epoche und deinem Lebensumfeld. Zur Erinnerung an frühere Leben gehört es daher häufig, dass du das Gefühl hast, im Denken eines anderen Menschen zu sein, obwohl es dein eigenes ist. Dann siehst du etwa Kleidungsstücke, Küchenutensilien, Handwerkszeug oder alte Münzen und weißt intuitiv, zu welchem Anlass und Zweck sie zur Zeit deines früheren Lebens verwendet bzw. getragen wurden.

Achte auf deine Emotionen

Vielleicht bewegen dich plötzlich bestimmte Themen, bei denen du das nie gedacht hättest. Wenn du etwa von bestimmten historischen Ereignissen liest, kann dich das stark aufwühlen. Dann stehen dir diese Ereignisse vor Augen, als würdest du sie als Zeitzeuge erleben.

Sobald du eine Verbindung zu einem früheren Leben identifiziert hast, bringe einige seiner Symbole, Gegenstände und Informationen in dein derzeitiges Leben. Hilfreich sind etwa Bilder von Gebäuden, Kleidungsstücke und andere Gegenstände. Du kannst dich auch in Büchern und Zeitschriften näher über das informieren, was dich an der Epoche so fasziniert. Wenn du diese Gegenstände, Abbildungen und Informationen sammelst, kannst du dich leichter mit deinem früheren Leben verbinden. Je mehr du dich auf diese Bezüge einlässt, desto mehr werden ihre Schwingungen Visionen und Erinnerungen an frühere Leben hervorrufen.

Nimm dir bei der Beschäftigung mit den Alltagsgegenständen und den Forschungsergebnissen über die jeweilige Epoche immer wieder Zeit, um dich selbst zu beobachten. Wenn du dich unerklärlicherweise zu einer bestimmten Weltgegend hingezogen fühlst, stell dir eine Landkarte mit markanten Orientierungspunkten vor. Wenn du eine starke Verbindung zu einer bestimmten Epoche verspürst, sieh dir Kleidungsstücke aus der Zeit an und achte darauf, ob du intuitiv weißt, wie sie hergestellt wurden und zu welchen Anlässen man sie trug. Wenn eine bestimmte Religion oder Kultur dich besonders fasziniert, versuche, dir intuitiv die dazugehörigen Rituale und Regeln oder den allgemeinen Seelenzustand der Epoche vorzustellen, und überprüfe, wenn du weitere Informationen einholst, ob du richtig liegst.

Verbindung mit früheren Leben aufnehmen – Schritt für Schritt

1. Wenn du dich einer bestimmten Epoche verbunden fühlst und dich ausreichend informiert hast, bringe dich in einen

meditativen Zustand, sei es mit der Meditation aus dem ersten Teil oder deiner Lieblingsmeditation.

2. Bitte deine Geistführer, dir Ausschnitte aus deinem früheren Leben, zu dem du eine Verbindung spürst, zu zeigen.

3. Anschließend siehst du dieses Leben möglicherweise mit deinen eigenen Augen, aus deiner eigenen Perspektive. Das fühlt sich an, als würdest du mit deinem eigenen Denken und deinen eigenen Augen durch dieses Leben gehen, jedoch mit einer gewissen Distanz und in dem Bewusstsein, dass das nicht wirklich du bist. Du bist also so etwas wie eine andere Version deiner selbst.

4. Wenn du unvermittelt Visualisierungen erlebst, versuche, so viele Details wie möglich zu erfassen. Oft sind das rasch aufblitzende Bilder, die von komplexen Emotionen und Geisteshaltungen überlagert sind. Nimm sie in dich auf und analysiere sie erst im Nachhinein.

5. Notiere unmittelbar nach dieser Visualisierung so viele Details wie möglich.

6. Überprüfe das, was du gesehen hast, um neue Erkenntnisse über dieses frühere Leben zu gewinnen.

NACHBEREITUNG

Führe die oben genannten Schritte durch und verbinde dich mit deinen früheren Leben. Notiere dann deine Antworten auf die folgenden Fragen und denke dabei über deine Erfahrungen nach:

✦ Welche Interessen und Vorlieben habe ich, die nicht zu meinem derzeitigen Leben passen?

- ✦ Wie fühle ich mich, wenn ich etwas sehe, das mit diesen Dingen in Zusammenhang steht?
- ✦ Was habe ich gesehen, als ich mich mit den Erinnerungen an meine früheren Leben verbunden habe?
- ✦ Habe ich währenddessen bestimmte Namen gehört, gesehen oder intuitiv erahnt?
- ✦ Welche Details habe ich gesehen?

Übung 36
SPIRITUELLE HILFSMITTEL

Übersinnliche Arbeit lässt sich zwar überall durchführen, aber du wirst feststellen, dass du dir dafür am besten einen ruhigen Ort suchst, der nur diesem Zweck dient. Wenn du ihn mit Gegenständen ausstattest, die dir spirituellen Schutz gewähren, schaffst du dir nicht nur einen Raum, in dem es sich angenehm arbeiten lässt, sondern drängst dadurch auch die Umwelteinflüsse zurück (wie etwa elektromagnetische Strahlung von Computern oder menschliche Interaktion), die das spirituelle Geschehen stören. Ein solcher Raum, in dem du energetisch umfassend geschützt bist und nicht gestört wirst, sorgt dafür, dass deine Energie in den Momenten deiner Entwicklung, in denen du besonders verletzlich bist, stabil und sicher bleibt.

Gegenstände, die dir spirituellen Schutz verleihen, leisten dir Beistand und sorgen für ein Gefühl von Ruhe und Geborgenheit. Je stimmiger der Raum ist und je besser sich übersinnliche Kräfte dort entfalten können, desto wohler fühlst du dich und desto offener bist du für die Anregungen, die der *Geist* dir sendet. Im Lauf der Zeit wirst du auf Gegenstände stoßen, die dich auf einzigartige Weise unterstützen und dir Kraft spenden. Es gibt jedoch eine Art Grundausstattung, die jeder haben sollte, der übersinnlich arbeitet, vor allem am Anfang der persönlichen Entwicklung.

VORBEREITUNG

Wenn du einen Raum gefunden hast, in dem du dich wohlfühlst, statte ihn mit Gegenständen aus, die dir spirituellen Schutz gewähren. Den Anfang kannst du mit folgenden gebräuchlichen Gegenständen machen:

◆ **Weiße Kerzen.** Wenn du in den Regionen des Geistes arbeiten willst, ist eine weiße Kerze unabdingbar. Je nach Anlass verwendet man Kerzen in den unterschiedlichsten Farben, aber eine weiße Kerze verschafft dir den ungetrübten spirituellen Schutz, den du brauchst, um deinen Raum zu segnen. Wenn du sie vor einer übersinnlichen Übung anzündest, kannst du dabei einen Satz aussprechen wie »Ich rufe das weiße Licht des Universums, damit es diesen Raum segnen möge«. Damit erschaffst du einen neutralen, positiven und hoch energetischen Raum, in dem du gut arbeiten kannst und der dein Höheres Selbst respektiert und schützt.

◆ **Edelsteine.** Edelsteine speichern Energie und bieten Schutz. In deinem Raum für übersinnliche Arbeit kannst du deine programmierten Edelsteine in deiner Nähe halten, aber auch andere, die dich vor unerwünschten energetischen Schwingungen schützen. Für den Anfang eignen sich etwa Rosenquarz (fördert die Selbstliebe, hilft beim Loslassen der Vergangenheit und heilt alte emotionale Wunden), Amethyst (löst Beklommenheit und schützt vor den Absichten anderer Menschen), Obsidian (unterdrückt seelische Ausbrüche, sammelt Energie und verwandelt negative Energie in positive) und Selenit (reinigt die Aura und reinigt andere Edelsteine durch Berührung und lädt sie wieder auf). Mehr zu diesem Thema findest du in der Übung »Ein Edelstein für die übersinnliche Arbeit«. Und mit der Zeit wird dich deine Intuition zu weiteren Steinen führen, die für dich am besten geeignet sind und dir die Hilfe leisten, die du brauchst.

✦ **Salzlampe.** Negative Ionen erhöhen angeblich den Serotoninspiegel in unserem Körper, wodurch wir uns lebendiger und beflügelt fühlen und positiver in die Welt blicken. Salzlampen setzen negative Ionen frei, weil auf dem warmen Salzstein die Wasserpartikel der Luft verdunsten.

✦ **Raumspray.** Die Schwingungen eines Raumes oder der eigenen Aura können oft hemmend wirken oder Stress verursachen. Sprays mit ätherischen Ölen, Salzen oder Kräutern können die Schwere lösen, die aus solchen blockierten Schwingungen entsteht. Ein solches Spray kannst du herstellen, indem du 750 ml destilliertes Wasser mit 150 ml Hamameliswasser vermischst und in eine Sprayflasche füllst. Gib dann zehn Tropfen eines ätherischen Öls hinzu, das dir guttut. Gut geeignet sind etwa Lavendel (beruhigt und vertreibt negative Gedanken), Weihrauch (schützt und erhöht die energetischen Schwingungen), Zitrone (reinigt deine Schwingungen auf natürliche Art und weitet den Raum) oder Zeder (löst Ängste und Blockaden, kräftigt und verleiht Stärke für einen Neuanfang). Wenn du möchtest, kannst du dem Spray auch ein paar kleine Kristalle hinzufügen, die deiner Mischung spirituelle Wirkkraft verleihen.

Wenn du dir einen Raum eingerichtet und deine Hilfsmittel bereitgelegt hast, kannst du darauf achten, was genau du brauchst, und entsprechende Änderungen vornehmen. Von deinen Geistführern und deinem Höheren Selbst wirst du zahlreiche Reaktionen erhalten, die dich darauf hinweisen, was genau du brauchst. Wir alle haben Stärken und Schwächen in den eigenen Energiefeldern, Themen, die uns beschäftigen und bei denen wir vielleicht Unterstützung brauchen. Dein intuitives Empfinden wird diese Botschaften empfangen, und deine Aufgabe wird es sein, darauf zu achten, wie sie dich auf subtile Weise zu weiteren Hilfsmitteln führen, die dich in deiner persönlichen übersinnlichen Arbeit unterstützen. Das können etwa bestimmte Räucherdüfte sein, Kerzen in bestimmten Farben oder Klangschalen aus Metall oder Kristall.

Spirituelle Hilfe durch Gegenstände – Schritt für Schritt

1. Besorge dir die Grundausstattung an spirituellen Hilfsmitteln und platziere sie in einem Raum, den du gesegnet hast und den du künftig für deine übersinnliche Arbeit nutzen willst.
2. Gewöhne dir an, in diesem Raum regelmäßig deine übersinnliche Arbeit und deine Übungen durchzuführen und zu meditieren.
3. Platziere die Hilfsmittel immer wieder an anderen Stellen, so, wie es sich für dich intuitiv richtig anfühlt, und füge mit der Zeit weitere hinzu, mit denen du dich verbunden fühlst.

NACHBEREITUNG

Führe die oben genannten Schritte durch und integriere spirituelle Hilfsmittel in deine übersinnliche Arbeit. Notiere dann deine Antworten auf die folgenden Fragen und denke dabei über deine Erfahrungen nach:

- ✦ Bei welchen Edelsteinen habe ich das Gefühl, sie eignen sich für mich gut als Hilfsmittel?
- ✦ In welchen Situationen hatte ich das Gefühl, Schutz vor den Energien anderer Menschen zu brauchen? Und warum?
- ✦ Wie hat es sich angefühlt, die schützende Energie aufzubauen?
- ✦ Wie fühle ich mich, wenn ich in meinem Raum bin und meine spirituellen Hilfsmittel mich umgeben?
- ✦ Gibt es Gegenstände, die ich noch hinzufügen möchte?

Übung 37
NEGATIVE BINDUNGEN LÖSEN

Wenn wir Gegenstände entdecken, Menschen begegnen oder Erfahrungen machen, fließen Energien. Dabei entsteht jedes Mal ein energetisches »Band«. Das sind energetische Bindungen zwischen uns und Ereignissen der Vergangenheit, kulturellen Systemen, Menschen, aber manchmal auch Gegenständen. Wenn sie Liebe, Freundschaft und Güte verkörpern, sind es positive Verbindungen. Sind sie von Selbstsucht, Gier oder bösen Absichten erfüllt, sind es negative Verbindungen. Ein positives energetisches Band fühlt sich wie eine intime und tiefe Verbindung an, die uns Freude und ein Gefühl der Verbundenheit schenkt und uns hilft, uns spirituell weiterzuentwickeln. Ein negatives energetisches Band ist kraftraubend, besitzt nur wenig Energie und löst negative Emotionen aus wie etwa Eifersucht, Wut oder Boshaftigkeit. Wenn du zur Wurzel deiner positiven und negativen Gefühle vordringst, wirst du erkennen, welche energetischen Bande dich halten.

Negative Bande können unerträglich werden, etwa nach einer Trennung, einem verbitterten Gespräch, einer schweren Krankheit, einem Jobwechsel, einer juristischen Auseinandersetzung, aber auch, wenn man im Leben einen Neuanfang gemacht hat. Zum Glück ist es möglich, diese Bande zu lösen.

Mache dir bewusst, dass nur du deine negativen Bande lösen kannst. Denn es gibt sie nur, weil sie irgendwann einmal so wichtig für dich waren, dass du sie geknüpft hast. Sich von solchen Banden zu lösen, ist ein Teil der spirituellen Entwicklung, die auf Selbsthilfe und Selbstwahrnehmung abzielt.

VORBEREITUNG

Beim Lösen eines energetischen Bandes geht es nicht darum, die Erinnerung an Geschehenes auszulöschen, sondern das Trauma und das Leiden zu verabschieden, die aus der Erinnerung erwachsen. Ziel ist es, die Bindung zu lösen, aber die lehrreichen Erfahrungen aus dem Geschehenen zu behalten. Dazu musst du dir zunächst darüber klar werden, wie dieses Band beschaffen ist, wodurch es entstanden ist, wozu du es gebraucht hast und warum es noch immer besteht. Denke auch darüber nach, was es dich gelehrt hat. Diesen Teil der Verbindung zu bewahren, ist ein wesentlicher Bestandteil des Rituals, mit dem du das Band löst.

Mache dir auch bewusst, dass du das Band nicht durchschneiden wirst, sondern es entfernen. Du kannst dir diese Bande wie Pflanzen mit Wurzeln vorstellen. Wenn du eine Pflanze abschneidest, die Wurzel aber in der Erde bleibt, wächst die Pflanze nach. Visualisiere daher vor der Übung mit deinem dritten Auge das Entfernen der Wurzeln. (Mehr über das dritte Auge und die anderen Chakren findest du in den Übungen »Das dritte Auge öffnen« und »Die Chakren ausgleichen«.)

Negative Bande entfernen – Schritt für Schritt

1. Bringe dich in einen meditativen Zustand (mit der Meditation aus dem ersten Teil oder deiner Lieblingsmeditation) und führe dir ganz bewusst vor Augen, welches energetische Band du entfernen willst und warum.
2. Visualisiere deine auratische Schutzhülle, wie du es in der

Übung »Die Schutzhülle« gelernt hast, und stell dir vor, wie sie größer wird und dich ganz umfasst.

3. Schließe die Augen und halte die Hände vor den Kopf. Führe dann die Hände, ausgehend vom Stirnchakra, ganz langsam nach unten. Stell dir dabei vor, wie deine Hände durch jedes Chakra gleiten. Achte darauf, ob sich die Energie, die deine Hände umgibt, irgendwo blockiert anfühlt, oder ob du intuitiv das Bedürfnis verspürst, mit den Händen länger über einem bestimmten Chakra zu verweilen. Merke dir, an welchen Chakren du mit der Bewegung innegehalten hast, und rufe dir in Erinnerung, wofür sie stehen.

4. Visualisiere nach diesem Gang durch die Chakren vor dir die Stellen, an denen das Band angeknüpft ist. Sprich aus, was du ihnen sagen willst, etwa: »Ich löse dich mit Licht und Liebe!«

5. Jetzt lass das Band einfach gehen. Stell dir vor, wie es sich in deinem Inneren auflöst.

6. Vergegenwärtige dir das weiße Licht der kosmischen Urenergie, dieser mächtigen, universellen und wohlwollenden Energie, die uns alle umgibt und die jetzt die Leerstelle füllt, die das Band in dir zurücklässt. Nimm dir für diesen Schritt die Zeit, die du brauchst.

7. Wenn du spürst, dass es an der Zeit ist, beende die Meditation, indem du bewusst regelmäßig atmest und die Aufmerksamkeit allmählich wieder auf das Hier und Jetzt richtest.

Achte auf deine Emotionen

Möglicherweise fühlst du dich bei dieser Übung unwohl. Das ist ganz normal! Energetische Bande zu lösen, kann zu Unruhe oder Anspannung führen. Wenn das Band gelöst ist, bist du vielleicht sogar traurig. Es war lange Zeit ein Teil von dir, und nun ist es nicht mehr da. Erlaube dir, diesen Verlust zu betrauern, aber mache dir auch klar, dass du das Band entfernen musstest, um deinem höchsten Gut zu dienen.

Auf deinem spirituellen Weg wirst du immer wieder Bande und Verbindungen lösen müssen. Es verhält sich damit wie mit einem Garten: Die Arbeit ist nie ganz getan! Je öfter du es machst, desto leichter wird es. Wenn du im Anschluss an die Übung für ein paar Stunden oder sogar Tage verwirrt bist oder das Gefühl hast, festzustecken, kann das Wiederholen eines Mantras, wie etwa »Ich bin von Licht erfüllt« oder »Ich bin ganz ich selbst«, dir dabei helfen, deinen Weg weiter zu gehen.

NACHBEREITUNG

Führe die oben genannten Schritte durch und löse energetische Bande. Notiere dann deine Antworten auf die folgenden Fragen und denke dabei über deine Erfahrungen nach:

✦ Woran war eines der Bande, die ich gelöst habe, festgeknüpft?
✦ An welchen Chakren hat meine Hand innegehalten, und warum?
✦ Was hat mich beim Lösen dieses negativen Bandes am meisten überrascht?

Übung 38
EIN BLICK IN DIE NAHE ZUKUNFT

Wie schon in der Übung »Der übersinnliche Kalender« erwähnt, ist die Zukunft alles andere als festgelegt. Wir alle beschreiten einen Weg, der sich aus unseren Verhaltensmustern, Entscheidungen und Handlungen der Gegenwart ergibt. Wenn wir eines dieser Elemente verändern, so verändert sich dadurch auch unsere Zukunft, insbesondere die nahe Zukunft. Man kann das mit einer Route über ein Gewässer vergleichen; anders als auf dem Festland fällt sie jedes Mal anders aus, einfach weil Wasser ständig in Bewegung ist. Die unmittelbar bevorstehende Zukunft lässt sich jedoch relativ genau visualisieren. In der Regel ändern wir unsere Verhaltensmuster, Entscheidungen und Handlungen kaum, und daher kann diese Übung durchaus zutreffende Ergebnisse liefern. Diese sind in der Regel verlässlicher als langfristige Vorhersagen, denn das, was wir in unmittelbarer Zukunft tun werden, präsentiert sich uns oft eindrücklicher als die langfristigen Auswirkungen unseres Verhaltens.

Wahrscheinlich hast du das schon einmal gemacht. Oft ist es leichter mit Ereignissen, zu denen wir keine starke emotionale Bindung haben, und möglicherweise hast du deine Gedanken als Tätigkeit des gesunden Menschenverstandes abgetan und darin keine übersinnliche Vorahnung gesehen. Beispiele hierfür sind etwa die Gewissheit, dass dein Kind in der Schule einen schönen Tag haben wird, obwohl es vor der Schule Angst hat, oder dass eine Freundin den Job bekommt, für den sie heute ein Vorstellungsgespräch hat. Dann stellst du dir etwa vor, wie ihr nach der Zusage gemeinsam feiert. Die Zukunft zu visualisieren bedeutet, dich zu fragen, was als Nächstes passieren wird, und dann zu beobachten, was tatsächlich geschieht.

VORBEREITUNG

Am besten fängst du damit an, die unmittelbare Zukunft eines anderen Menschen zu visualisieren. Suche dir dazu ein Ereignis aus, das kurz bevorsteht und zu dem du keine starke emotionale Bindung hast: das Ergebnis eines Bewerbungsgesprächs, ein Umzug oder der Ausgang eines Blind Date. Wenn du dich daran gewöhnt hast, wie sich eine solche Visualisierung anfühlt, kannst du auch dich selbst miteinbeziehen.

Bei dieser Übung stellst du dir vor, was nach einem bestimmten Ereignis in der nahen Zukunft passiert. Der Schlüssel zu dieser Visualisierung ist die Frage nach den Ursachen für das, was dann passiert. Stell dir vor, in welchen Aspekten sich das Leben anders darstellen würde, wenn das, was du vorhersagen willst, eintritt oder nicht eintritt. Dabei hilft es, wenn du vorausschauend visualisierst, also dich wirklich darauf konzentrierst, die Zukunft zu sehen.

Nehmen wir an, deine Freundin hat diese Woche ein Blind Date. Sie möchte wissen, ob sie damit Glück haben wird. Richte deine Aufmerksamkeit nun nicht auf das Treffen, sondern auf deine Freundin. Stelle dir ein paar Fragen zur Zukunft, die dir Hinweise darauf geben, was bei dem Treffen passieren wird. Sie könnten etwa lauten:

- ✦ Wirkt deine Freundin glücklich, wenn du sie das nächste Mal triffst?
- ✦ In welcher Atmosphäre verläuft euer Gespräch?
- ✦ Siehst du vor dir, wie sie dir eine Nachricht schreibt, dass das Treffen gut verlief? Oder schlecht, oder einfach nur mittelmäßig? Was empfindest du, wenn du die Zukunft visualisierst?
- ✦ Trifft sie die Person am folgenden Wochenende erneut, oder geht ihr zwei wieder zusammen aus, beide als Singles?

Je detaillierter deine Antworten sind, desto besser. Stell dir möglichst viele Fragen, die dir Hinweise auf das Treffen geben sowie darauf, ob sich die Dinge in der Zukunft dadurch verändern.

Wenn du zum Arzt gehst, frage dich, in welcher Stimmung du bist, wenn du das Haus verlässt. Wenn es darum geht, wie lange ein Projekt dauern wird, frage dich, ob du nächstes Wochenende Zeit hast, um zu verreisen. Wenn du dir nicht sicher bist, ob der Mensch an deiner Seite bei dir bleiben wird, versuche, dir den nächsten Urlaub vorzustellen. Ist die Person noch da? Fragt deine Familie, wo sie ist? Die Gefühle bezüglich der Zukunft, die sich dann bei dir einstellen, werden dir sagen, was passieren wird. Hier kommt alles darauf an, deine Gefühle für die Zukunft zu entschlüsseln.

Die Zukunft visualisieren – Schritt für Schritt

1. Bringe dich in einen meditativen Zustand, sei es mit der Meditation aus dem ersten Teil oder deiner Lieblingsmeditation.

2. Stell dir einen beliebigen Moment in der Zukunft vor, der nach dem Ereignis liegt, um das es dir geht. Stell dir vor, wie du dich mit der Person, deren Zukunft du vorhersagen möchtest, in einer alltäglichen Situation oder einem Gespräch befindest.

3. Stelle laut die Fragen, die du dir zuvor überlegt hast. Wenn du möchtest, kannst du auch noch welche hinzufügen. Während du die Fragen aussprichst und die Zukunft visualisierst, achte genau auf deine Stimmung, deinen Tonfall und deine Empfindungen. Sie sind Botschaften, die dir Erkenntnisse liefern.

4. Wenn du das Gefühl hast, ein klares Bild der zukünftigen Situation vor dir zu haben, kannst du die Visualisierung beenden.

NACHBEREITUNG

Führe die oben genannten Schritte durch und visualisiere ein Ereignis in der nahen Zukunft. Notiere dann deine Antworten auf die folgenden Fragen und denke dabei über deine Erfahrungen nach:

✦ Welches Ereignis in der nahen Zukunft hast du visualisiert?

✦ Was hast du mit Bezug auf dieses Ereignis bei der Übung als Erstes empfunden?

✦ Welche Fragen waren bei dem Ausblick in die Zukunft besonders hilfreich?

✦ Wie fühlst du dich nach dieser Visualisierung?

Übung 39
HANDSCHRIFTEN DEUTEN

Faszinieren dich alte Briefe und Ansichtskarten und andere Schriftstücke aus der Vergangenheit? Fragst du dich, wenn du einen Brief siehst, der vor langer Zeit geschrieben wurde, wer ihn verfasst hat? Sind dir handschriftliche Nachrichten lieber als E-Mails? All das sind Hinweise darauf, dass du eine natürliche übersinnliche Veranlagung hast, Handschriften zu deuten.

Wenn wir schreiben, tun wir das immer mit einer bestimmten Absicht. Aus jedem Schriftstück spricht der Wunsch, etwas nachdrücklich mitzuteilen. Natürlich ist die Absicht nicht immer so klar wie die Wörter, die auf dem Papier stehen; manchmal hast du vielleicht nur eine Unterschrift am Ende eines Buches, auf die du dich stützen kannst. Doch zum Glück sind die Wörter, die du vor Augen hast, nicht so wichtig wie die Absicht, die du ihnen entnehmen kannst. Jedes Mal, wenn jemand etwas niederschreibt, hinterlässt er in seinen Worten auch etwas von sich selbst, das sich späteren Lesern mitteilt. In dieser Übung wirst du lernen, mit dieser Energie Kontakt aufzunehmen.

VORBEREITUNG

Diese Fähigkeit zu entwickeln, dauert eine Weile. Du brauchst dazu dein drittes Auge; am besten schulst du es vorher noch einmal mit der Übung »Das dritte Auge öffnen«.

Ebenso wichtig wie ein waches drittes Auge ist, dass du etwas mit der Hand Geschriebenes gefunden hast, das dich interessiert und das du deuten möchtest. Das kann eine alte Familienbibel sein, in der auf den letzten Seiten Namen notiert sind, oder ein Liebesbrief, den ein Vorfahr von dir verfasst hat. Auf das Thema kommt es nicht so an; wichtig ist, dass dich das Geschriebene wirklich interessiert. Am besten funktioniert diese Übung, wenn du kaum etwas über den Verfasser weißt, aber Erkundigungen einholen kannst, mit denen du deine Deutung überprüfen kannst. Und nur wenn du deine Interpretationen überprüfst, wirst du deine Fähigkeiten weiterentwickeln.

Das Geschriebene kann von einer lebenden oder verstorbenen Person sein. Allerdings fallen die Botschaften dann anders aus. Bei Verstorbenen wirst du eine starke Verbindung zu der Person und zu der Energie spüren, die sie in der materiellen Wirklichkeit hinterlassen hat. Möglicherweise siehst du sie mit deinem dritten Auge und kannst sie beschreiben, und sie zeigt dir das Zimmer, in dem sie geschrieben hat, und erzählt dir, was sie an dem Tag sonst noch gemacht hat. Das ist wie ein Schlaglicht auf die Vergangenheit. Wenn du mit der Person verwandt bist oder du das Geschriebene für jemanden deutest, der mit ihr verwandt ist, erhältst du möglicherweise spirituelle Botschaften. Das Deuten von Handschriften ist eine Möglichkeit, mit Menschen im Jenseits Kontakt aufzunehmen.

Wenn der Verfasser noch lebt, spürst du die Emotionen, die Absichten und die Energie, die ihn zum Zeitpunkt der Niederschrift erfüllt haben. Du siehst Bilder und verspürst Empfindungen, die dir etwas über seine Beweggründe und seine Persönlichkeit sagen; vielleicht siehst du die Person auch mit deinem dritten Auge. Du erfährst etwas über die Reisen, die sie gelegentlich macht, und Allgemeines über ihren Charakter. Manche Menschen deuten mit der Hand Geschriebenes auch nur, um sich besser mit der Energie der betroffenen Person zu verbinden.

Am wichtigsten bei alldem ist, dass du wissbegierig bist; das ist der entscheidende Faktor, der bei dieser Übung zum Erfolg führt. Sobald du einen handgeschriebenen Text hast, kannst du loslegen!

Handschriften deuten – Schritt für Schritt

1. Suche dir einen ruhigen Ort und bringe dich in einen meditativen Zustand, sei es mit der Meditation aus dem ersten Teil oder deiner Lieblingsmeditation.

2. Betrachte in aller Ruhe den handschriftlichen Text. Atme langsam und gleichmäßig und stimme dich auf die Energie des Geschriebenen ein, bis du das Gefühl hast, mit den Schwingungen, die von ihm ausgehen, im Einklang zu sein.

3. Schließe die Augen und lass sachte einen Finger über die Wörter gleiten. Lass dir dabei Zeit und gehe Zeile für Zeile vor. Wenn du eine Zeile ein zweites Mal erspüren möchtest, dann mach es. Achte währenddessen auf das, was du mit dem dritten Auge wahrnimmst. Vielleicht siehst du Szenen aus der Vergangenheit aufblitzen. Ignoriere sie nicht, sondern wende dich dem, was du siehst, mit Neugier zu und deute es.

4. Wenn jemand bei dir ist, der weiß, von wem das Geschriebene stammt, und weitere Informationen darüber hat, beschreibe, was du siehst. Bitte die andere Person, darauf mit »Ja«, »Nicht ganz« oder »Das weiß ich nicht« zu reagieren. Oder du bittest sie nur, das, was du sagst, aufzuschreiben, sodass du nach der Übung darüber nachdenken kannst.

5. Wenn du intuitiv spürst, dass du die Verbindung verlierst und die Übung vorbei ist, danke der Energie laut, dass sie sich zur Verfügung gestellt hat.

NACHBEREITUNG

Führe die oben genannten Schritte durch und interpretiere etwas mit der Hand Geschriebenes. Notiere dann deine Antworten auf die folgenden Fragen und denke dabei über deine Erfahrungen nach:

✦ Welches Schriftstück habe ich mir ausgesucht, und was habe ich empfunden, als ich mich dafür entschieden habe?

✦ Habe ich ein bestimmtes Interesse an diesem Schriftstück? Welches?

✦ Habe ich etwas gesehen, als ich das Schriftstück gedeutet habe? Habe ich etwas gerochen, geschmeckt oder gehört?

✦ Was habe ich währenddessen empfunden?

✦ Welche Botschaften haben mich während der Übung erreicht?

Übung 40
DEN EIGENEN ENERGETISCHEN ZUSTAND ERKENNEN UND VERÄNDERN

Wenn du morgens schon mit dem falschen Fuß aufgestanden bist, kann es sein, dass deine Energie den ganzen restlichen Tag auf diesem niedrigen Schwingungsniveau verbleibt. Dann verschüttest du den Kaffee über die frisch gewaschene Bluse und stößt dir die Zehen an, während du überhastet das Haus verlässt. Der Tank deines Autos ist fast leer, und an der Tankstelle musst du eine Ewigkeit lang warten, bis eine Zapfsäule frei wird. Jede Ampel springt für dich auf Rot, und du kommst zu spät zur Arbeit. Deine Stimmung rutscht immer tiefer in den Keller, und irgendwann wartest du geradezu auf die nächste Katastrophe. An solchen Tagen erschaffst du dir deine Wirklichkeit selbst – Gleiches zieht Gleiches an. Doch zum Glück musst du diesem negativen Energiekreislauf nicht hilflos zusehen, sondern kannst deinen inneren Zustand vollständig umkrempeln.

Je mehr du ein Gefühl für deinen eigenen energetischen Zustand und den deiner Umwelt bekommst, desto häufiger wirst du es bemerken, wenn die Dinge nicht im Einklang miteinander sind. Das kann sich unangenehm und chaotisch anfühlen, oder so, als wärst du in einer Blase gefangen, weit entfernt von jeglicher Ruhe und sicherer Energie. Möglicherweise erlebst du Tage – oder auch Wochen oder sogar Monate –, an denen dich eine solche zyklische Energie niederdrückt. Wenn du dir eine neue Richtung geben willst – nicht nur für solche Tage, sondern für dein ganzes weiteres Leben –, besteht der erste Schritt darin, diese Energieschleifen zu erkennen, die dich aufsaugen und deinen Energieausstoß bremsen.

VORBEREITUNG

Um aus einer Schleife aus Schwingungen mit niedriger Energie herauszukommen, musst du sie als Erstes erkennen. Dazu musst du dich beobachten und registrieren, in welchem geistigen, emotionalen und spirituellen Zustand du bist. In der Übung »Die Gefühle anderer Menschen spüren« hast du von dem Drei-Wörter-Tagebuch gehört, das dir hilft, deine Gefühle zu einem bestimmten Zeitpunkt zu erkennen. Wiederhole das jetzt und überlege, ob es zwischen deinen Gefühlen und den Ereignissen des Tages Entsprechungen gibt. Das kann ein Hinweis darauf sein, wie die Schwingungen deiner Umgebung deine eigene Energie sowie den Lauf der Dinge in deinem Leben beeinflussen.

Den eigenen energetischen Zustand erkennen und verändern – Schritt für Schritt

1. Bestimme, was du in diesem Moment empfindest. Bringe dich dann in einen meditativen Zustand, sei es mit der Meditation aus dem ersten Teil oder deiner Lieblingsmeditation.
2. Visualisiere die Energiekreisläufe, die dich umgeben. Registriere ihre unterschiedlichen Größen, Farben und Schwingungen. Beobachte sie einfach nur. Sieh zu, wie sie miteinander

interagieren oder auf Distanz zueinander bleiben. Das sind deine Energiekreisläufe. Sie können sich langsam oder schnell bewegen, es können viele oder wenige sein. Sie können verschiedene Farben haben (wenn du möchtest, kannst du hierzu noch einmal die Übung »Situationen und Farben« lesen), und manche können bei dir mehr Spannung verursachen als andere. Du kannst sie hin und her bewegen, sie größer oder kleiner machen oder sie ganz wegschieben. Diese Kreisläufe sind ständiger Veränderung unterworfen.

3. Suche intuitiv den Kreislauf, in dem du gerade feststeckst, und mache ihn dir bewusst. Der Energiekreislauf, in dem du aktuell feststeckst, ist derjenige, der dir am nächsten ist und der dich in der Visualisierung am meisten anzieht. Er steht für ein Gefühl, das sich weit über den gegenwärtigen Moment erstreckt. So kann etwa ein Gefühl des Gehetztseins daraus entstehen, dass du glaubst, tausend Dinge gleichzeitig tun zu müssen. Und dieses Gefühl wird von der flirrenden, verschwommenen Schleife verkörpert, die du in deiner Visualisierung siehst.

4. Wenn du dir eine Schleife herausgesucht und die Gefühle bestimmt hast, für die sie steht, stell dir vor, wie sie sich ausdehnt und dir in deinem Alltag eine Hilfe wird. Du kannst sie dir etwa zunächst als eine Farbe vorstellen, die du mit Furcht oder Grauen verbindest. Dann stell dir vor, wie sie sich in eine Farbe verwandelt, die auf dich beruhigend wirkt. Wenn sie sich anfangs hektisch bewegt, stell dir vor, wie sie zu einer ruhigen Energiequelle wird.

5. Vielleicht verspürst du das Verlangen, die Schleife in Gedanken zu berühren, oder sogar mit den Händen in der wirklichen Welt. Du kannst alles tun, was sich für dich richtig an-

fühlt, um diese Energieschleifen unter Kontrolle zu bringen und sie so zu verändern, dass sie deinen Energiefluss verbessern. Wenn du dir dabei die Gefühle vergegenwärtigst, die du im dritten Schritt bestimmt hast, kannst du nach und nach die Energien abtragen, die die energetischen Störungen in deinem Inneren verursachen.

6. Verweile ein paar Augenblicke in geistiger Ruhe und mache dir bewusst, dass du es in der Hand hast, welche Schwingungen du in dich aufnimmst und welche du abweist.

NACHBEREITUNG

Führe die oben genannten Schritte durch und erkenne und verändere deinen energetischen Zustand. Notiere dann deine Antworten auf die folgenden Fragen und denke dabei über deine Erfahrungen nach:

✦ Welche Gefühle konnte ich bestimmen, bevor ich meinen energetischen Zustand verändert habe?

✦ Wie hat mein Alltag meine Gefühle widergespiegelt?

✦ Wie habe ich mich gefühlt, kurz nachdem ich mich in einen meditativen Zustand gebracht habe?

✦ Was habe ich bei der Visualisierung gesehen?

✦ Wie habe ich mich gefühlt, als ich die Energiekreisläufe visualisiert habe?

✦ Wie habe ich die Energie empfunden – visuell, körperlich, spirituell etc.?

✦ Wie haben sich diese Empfindungen verändert, nachdem ich mein Inneres beruhigt habe?

ÜBER DIE AUTORIN

Mystic Michaela ist ein übersinnliches Medium in vierter Generation. Mit ganzer Leidenschaft begleitet sie Menschen auf ihrem spirituellen Weg hin zu einem authentischeren Leben. Michaela lebt derzeit im Süden von Florida, wo sie eine erfolgreiche Praxis für übersinnliche Arbeit betreibt. Sie veröffentlicht auch einen Podcast, *Know Your Aura with Mystic Michaela*. Schon etliche Male wurde sie als New-Age-Expertin in den Medien porträtiert, etwa bei *Well+Good*, in *Cosmopolitan*, *Shape*, *Elle*, bei *Mashable*, *HelloGiggles* und anderen.

REGISTER